# Inklusionsmaschine STADT

Herausgegeben von
Andrea Benze
Dorothee Rummel

## Inklusion im Städtebau, interdisziplinär diskutiert

## Inklusionsforschung durch Lehre und experimentelle Werkstattgespräche

Wie das gesellschaftliche Konzept der Inklusion im Städtebau erfolgreich verankert werden kann, gilt es anhand unterschiedlicher Formate zu untersuchen und zu testen. Inklusion anders zu denken und nicht auf Gesetze und Regeln zur (baulichen) Barrierefreiheit[1] zu reduzieren, wie es unter Architekt*innen und Städtebauer*innen weit verbreitet ist, war dabei von Anfang an das Ziel. Durch die Teilnahme am Forschungs- und Praxisverbund „Inklusion an Hochschulen und barrierefreies Bayern" war dazu ein Rahmen und vor allem ein inspirierendes Umfeld gegeben.[2]

Bislang existiert eine theoretische Auseinandersetzung mit dem Themenfeld Stadt und Inklusion nur in Ansätzen. Im Gegensatz zu anderen marginalisierten Gruppen wie Migrant*innen, Armen, älteren Menschen oder Frauen, sind Menschen mit Behinderungen nicht Gegenstand eines städtebaulichen oder stadttheoretischen Diskurses. Auch in multiperspektivisch angelegten Readern wird das Thema Stadt, wenn es überhaupt adressiert wird, mit Texten aus anderen Forschungszusammenhängen abgedeckt.[3] Die Publikation „Inklusion vor Ort" fasst Inklusion als gesellschaftliches Konzept auf, ist aber auf die Praxis der kommunalen Ebene ausgerichtet.[4] Die damit festzustellenden Lücken in der theoretischen Auseinandersetzung sind insofern erstaunlich, als mit der Entwicklung der Disability Studies im Moment viele kreative und wichtige Ansätze entstehen, Behinderung nicht nur als medizinische, sondern als soziale und kulturelle Zuschreibung zu erforschen.

An der Fakultät für Architektur der Hochschule München wurden daher inzwischen unterschiedliche Lehrformate konzipiert und erprobt, in denen sowohl die theoretische Reichweite des Konzeptes Inklusion erforscht wurde als auch entwerferisch-räumliche Lösungsvorschläge für inklusive Orte und Staträume entwickelt wurden. Inklusion als gesellschaftliches Konzept zu betrachten, stand hierbei von Beginn an im Vordergrund. Die schon im Konzept Inklusion angelegte Ausweitung des Ansatzes auf alle Menschen und die Betrachtung des Forschungsgegenstandes aus mehreren disziplinären Perspektiven, sowie aus der Perspektive der Expert*innen des Alltags, galt als unabdingbar.

Die Lehrergebnisse zeigten Erfolge auf dem Gebiet Inklusion im/durch Städtebau, jedoch brachte die Auseinandersetzung mit dem Thema auch ganz neue, konkretere Fragestellungen hervor. Um diese Fragen intensiver zu bearbeiten und öffentlich mithilfe von Fachleuten zu diskutieren, wurde das interdisziplinäre Format der experimentellen Werkstattgespräche konzipiert.

Die Reihe dieser Werkstattgespräche trug den Titel „Inklusionsmaschine Stadt". Zu insgesamt vier öffentlichen Gesprächsrunden waren Lehrende, Praktizierende und Forschende aus unterschiedlichen Disziplinen an die Hochschule München eingeladen. Kommunikationspsycholog\*innen, Soziolog\*innen, Transformationsforscher\*innen, Vertreter\*innen aus den Disability Studies, Künstler\*innen, Erziehungswissenschaftler\*innen und Stadtdirektor\*innen a. D. diskutierten mit Vertreter\*innen aus den Fachgebieten Städtebau und Architektur radikal und schonungslos Facetten der These, dass die Stadt eine Inklusionsmaschine ist oder zumindest sein könnte. Jeweils in einem Themenfeld – Stadt oder Inklusion – fachfremd, waren die Teilnehmenden gefordert, ausgetretene Pfade zu verlassen und sich auf Gedankenexperimente einzulassen. Aus der Reflexion der Werkstattgespräche sind schließlich Textbeiträge entstanden, die gemeinsam mit Ausschnitten aus den Gesprächen nun in dieser Publikation versammelt sind. „Inklusionsmaschine Stadt" soll zeigen, wie Inklusion, begreift man sie als gesellschaftliches Konzept, die Entwicklung und Gestaltung der Städte auf bereichernde Weise verändern kann und was dabei entscheidende Ansatzpunkte sind.

1   Der Begriff Barrierefreiheit ist hier, sowie im weiteren Textverlauf, unbedingt in seinem gesamten Umfang zu verstehen: schwellenlose Zugänge und Rampen für Rollifahrer\*innen, Rollator- und Kinderwagenschieber\*innen, bauliche Orientierungshilfen und Autodeskription für Blinde und Sehbehinderte, leicht verständliche Sprache bei Formularen, Schildern oder Gebrauchsanweisungen für Menschen mit Intelligenzminderung und Gebärdendolmetscher\*innen für Gehörlose, um nur einige Facetten des Begriffs zu nennen. Außerdem gehört zu Barrierefreiheit auch die digitale Barrierefreiheit, die das Zurechtfinden aller im Internet sicherstellt.

2   Für mehr Informationen über den Forschungs- und Praxisverbund von sechs Universitäten siehe https://www.uni-wuerzburg.de/inklusion/startseite/ (letzter Zugriff: 06.03.2020).

3   Beispielsweise sind selbst im höchst informativen und umfangreichen Reader „Inklusion. Wege in die Teilhabegesellschaft" die Texte zur Stadt Zweitverwendungen. Vgl. Heinrich-Böll-Stiftung (Hg.): Inklusion. Wege in die Teilhabegesellschaft. Frankfurt am Main, 2015.

4   Vgl. Montag Stiftung Jugend und Gesellschaft (Hg.): Inklusion vor Ort. Der Kommunale Index für Inklusion – ein Praxishandbuch. Berlin, 1. Auflage 2011, verbesserter Nachdruck 2015.

# Inklusions-
# maschine Stadt

Inklusion in Architektur und Städtebau wird in diesem Buch anders gedacht als nur über Rampen, Bordsteinabsenkungen, Leitsysteme, Aufzüge und Rollstuhlwendekreise sowie die Notwendigkeit, diese (meist zähneknirschend) nachträglich in den Entwurf zu integrieren. Das Buch soll anregen, Inklusion als gesellschaftliches Konzept zu verstehen und radikal wie offen darüber nachzudenken, welche Anforderungen durch dieses Konzept an die Stadt gestellt werden, welche Qualitäten sie aufweisen sollte und auch, welche Schwierigkeiten mit Inklusion verbunden sein können.

### Warum Debatten über Inklusion Städtebau sind

Das vorliegende Buch unterstellt die provokante These, die Stadt sei eine Inklusionsmaschine – ein Ort, an dem Inklusion nicht nur möglich ist, sondern bereits gelebt wird. Der Begriff Maschine gibt dieser These einen mechanistischen Beigeschmack, als würde sich Inklusion in der Stadt durch ein paar Fragebögen, Handgriffe und Regeln automatisch einstellen lassen, so wie das Auto bei der Fahrt durch die Waschstraße sauber wird. Diese Provokation ist bewusst, denn die Diskussion über Inklusion, und wie sie im Moment in Architektur und Städtebau vorherrscht, befindet sich in einem ähnlichen Fahrwasser. Fokussiert werden hier Barrierefreiheit und Mobilität – beides sind notwendige Voraussetzungen der Inklusion, die noch lange nicht flächendeckend umgesetzt sind. Doch eine Begrenzung der Auseinandersetzung auf diese Themen verleitet zu einem mechanistischen Denken. Denn selbst, wenn alle baulichen Barrieren beseitigt sind, ist die Stadt nicht automatisch inklusiv.

Im Gegenteil führt das Streben nach Inklusion keinesfalls unmittelbar zu universellen und einfachen Gestaltungslösungen und Richtlinien, dafür sind Menschen zu verschieden. Geht man dem Thema Inklusion zu Beginn des Entwurfs auf den Grund, ermöglicht es eine kreative Auseinandersetzung mit den komplexen, eventuell unordentlichen und widersprüchlichen Verbindungen des eigenen vielfältigen Lebens mit anderen, mit Gegenständen und dem gebauten Raum.

Wenn Menschen mit Behinderungen ausschließlich mit den Aspekten Barrierefreiheit und Mobilität in Zusammenhang gebracht werden, argumentiert die Forscherin Jos Boys, birgt das die Gefahr, dass sie hauptsächlich als Schwierigkeit für den Entwerfenden wahrgenommen werden: Menschen, deren Bedürfnissen nur durch äußerst schwierige Lösungen entsprochen werden kann. Darüber hinaus sind diese Lösungen meist technischer Natur, daher intellektuell banal und langweilig. Sie entlarvt hier ein wiederkehrendes Schema: Entweder wird das Thema Behinderung und damit die Frage nach Inklusion übersehen, wobei ein undifferenziertes Bild von „normalen" Nutzenden zugrunde gelegt wird. Oder Inklusion wird übermäßig thematisiert und als Spezialfall, der sich ausschließlich mit Bedürfnissen von Menschen mit Behinderungen auseinandersetzt.[1] Auf diese Weise werden Menschen mit Behinderungen außerhalb des alltäglichen Lebens wahrgenommen und gehören damit nicht selbstverständlich zur Stadt, was der Idee der Inklusion fundamental widerspricht.

## Inklusion als gesellschaftliches Konzept in der UN-Behindertenrechtskonvention

Die Forderung nach Inklusion hat mit dem Inkrafttreten der UN-Behindertenrechtskonvention im Jahre 2008 eine starke Verbreitung erfahren. Im Kern bedeutet Inklusion, Individuen in all ihren Unterschiedlichkeiten zu akzeptieren und ihr gleichberechtigtes Zusammenleben zu ermöglichen.[2] Diesem Modell zufolge gibt es keine Norm, von der manche Personen abweichen; vielmehr ist die Unterschiedlichkeit der Menschen die Basis der Gesellschaft und damit auch des Zusammenlebens in der Stadt. Die Konvention weist bereits über sich hinaus: Ausschluss kann auf vielen Ebenen stattfinden! Daher ist es konsequent, die Forderung nach Inklusion auf alle marginalisierten Gruppen auszudehnen.[3]

„Vergesellschaftung bedeutet nicht mehr Einpassung in einen Rahmen und Ausrichtung auf einen Wert, sondern Aushandlung in einem Kontext und Verständigung über Prinzipien."[4] Folgt man dem Soziologen Heinz Bude, ist Gesellschaft kein Rahmen mehr, der Plätze anbietet und Rollen zuweist. Gesellschaft entsteht in der Gegenwart vielmehr durch ein situatives Geschehen, in dem Anschlüsse hergestellt werden und Bindungen begrenzt sind. Wie man sich verhält, liegt im Verantwortungsbereich des jeweiligen Individuums und folgt nicht mehr zwangsläufig vorgegebenen Normen. Das heißt, es gibt keine Lösungsmuster, alles kann ständig infrage gestellt und neu verhandelt werden.

Wie können die Planung und Gestaltung der Stadt dieser Vielfalt gerecht werden – einer Vielfalt, die im Übrigen nicht neu ist, sondern eine kontinuierliche Herausforderung für Menschen, die im öffentlichen Interesse agieren, wie beispielsweise Architekt*innen und Städtebauer*innen? Eine symbolische Mitte, die Maßstäbe und Regeln vorgeben könnte, hat ihre Bedeutung verloren. Sowohl ein Konsens wie auch die Repräsentation auf der Grundlage von Gruppenbildung ist oft keine überzeugende Lösung.[5]

Bezogen auf ein relationales Raumverständnis schlägt die Soziologin Martina Löw die theoretische Figur der „Repräsentation als Sichtbarmachen und Berücksichtigen von Relationen zwischen inkonsistenten sozialen Gruppen vor"[6]. Es gehe nicht darum, einen Raum für alle zu definieren oder jeder Teilgruppe mit Extraräumen gerecht zu werden, sondern darum, sich der komplexen Anforderung zu stellen, „Verflechtungen (und damit auch Widersprüche und Bindungen) räumlich und zeitlich erlebbar zu machen"[7]. Jede*r Einzelne gehört mehreren Gruppen an, wechselt Zugehörigkeiten und Identifizierungen. Nach Löw sollte es darum gehen, Verbindungen, Beziehungen und Muster der Verflechtungen zu untersuchen. Statt neuer Normen sollen vielfältige Verbindungen und auch Widersprüche sichtbar werden. „Nicht die Vielfalt ist das Problem, sondern die notwendige Reorganisation des Denkens und Handelns in Vielfalt."[8]

Sowohl Heinz Bude wie auch Martina Löw betonen die Dynamik, Vielschichtigkeit und Komplexität, die eine inklusive Gesellschaft kennzeichnen. Schon dieser kurze Blick auf den wissenschaftlichen

Diskurs zeigt, dass eine inklusive Stadt nicht nur auf der Ebene der baulichen Stadträume gedacht und gestaltet werden kann. Vielmehr muss die inklusive Stadt als relationaler Raum gedacht werden, der in ständiger Veränderung ist und in dem Verflechtungen und Beziehungen ebenso wichtig sind wie bauliche Veränderungen. Der Horizont der Betrachtung erweitert sich also auf vielen Ebenen.

In den Werkstattgesprächen wird der Weg eingeschlagen, die Vielzahl der Aspekte und Ebenen im Blick zu behalten, und dennoch konkret und praktisch über Inklusion zu diskutieren. Inhaltlich geht es auf der Ebene des Individuums darum, die Möglichkeiten für das Denken, Handeln und letztlich auch Fühlen in der vielfältigen Gesellschaft besser zu verstehen: Wie kann jede*r Einzelne unterstützt oder befähigt werden, sich in komplexen Situationen angemessen und konstruktiv zu verhalten? Und auf der Ebene der Gesellschaft geht es um konkrete Anforderungen, die zu klären sind, wenn man sich dazu entscheidet, dem Leitbild einer inklusiven Stadt zu folgen: Welche Eigenschaften sollte eine inklusive Stadt haben? Welche Räume und Voraussetzungen braucht sie, um Aushandlungsprozesse zu ermöglichen? Wer beteiligt sich an ihrer Gestaltung?

### Inklusive Stadt

Im Kontext der „Habitat III New Urban Agenda", die sich mit der globalen Entwicklung der Städte auseinandersetzt, ist „social inclusion" ebenso wie in vielen Forschungsarbeiten zum Globalen Süden ein wichtiges Oberthema.[9] In Städten mit großer sozialer Ungleichheit ist Exklusion wesentlich deutlicher spürbar, sodass die Forderung nach einer inklusiven Stadt sofort zu stellen ist. Auch in Ländern des Globalen Nordens fordern politische Bewegungen unter dem Slogan „Recht auf Stadt" gesellschaftliche Teilhabe und eine Stadt für alle, kämpfen gegen steigende Mieten und Vertreibung von Bevölkerungsgruppen aus stadtnahen Quartieren. Im weitesten Sinne sind auch diese Forderungen nach Inklusion mit der UN-Behindertenrechtskonvention verbunden und doch ist die hier geführte Auseinandersetzung über eine inklusive Stadt anders.

Das Thema Behinderung ist schillernd, vielgestaltig, kaum zu fassen, führt bei Forscher*innen und Mitmenschen teilweise zu Stockungen und Verkrampfungen und fordert dadurch eine ständige Selbstreflexion in der Auseinandersetzung mit einer inklusiven Stadt. So verbindet sich die Ebene der individuellen Wahrnehmung der Stadt unauflöslich mit einer gesellschaftlichen Ebene. Darüber hinaus bleiben Widersprüche, die jeder Behinderung – die Einschränkung und Bereicherung ist – innewohnen, auch in der Diskussion um eine inklusive Stadt bestehen. In dieser Hinsicht könnte die Perspektive der Behinderung die gegenwärtige Diskussion über die Stadt als ein offenes System befruchten: eine Stadt, in der die Menschen trotz oder vielleicht manchmal gerade wegen ihrer Unterschiede in der Lage sind zusammenzuleben.[10] Getragen von einer „Zusammenarbeit jener Menschen, zwischen denen Unterschiede bestehen."[11]

## Fiktion Inklusionsmaschine Stadt

Der Titel „Inklusionsmaschine Stadt" ist nicht nur eine Provokation, sondern kann auch Teil einer Fiktion sein. Jedes der folgenden Werkstattgespräche schreibt unterschiedliche Kapitel innerhalb dieser Erzählung. Dieses Gedankenspiel befreit Forschende von der Last der wissenschaftlichen Beweisführung, Praktizierende von faktischen Zwängen, erlaubt Lehrenden, Fehler zu machen, und Menschen mit entgegengesetzten Positionen, aufeinander zuzugehen. Innerhalb dieses freien und spielerischen Rahmens konnten Ideen für eine zukünftige inklusive Stadt entwickelt werden.

1   Boys, Jos: Doing Disability Diffenrently. An alternative handbook on architecture, dis/ability and designing for everyday life. London, New York, 2014, S. 25.

2   Vgl. UN-Übereinkommen über die Rechte von Menschen mit Behinderungen (UN-Behindertenrechtskonvention), 2008.

3   Vgl. Inklusion ist Bestandteil jedes Menschenrechts. Interview mit Beate Rudolf vom 26.09.2012. Verfügbar unter https://www.institut-fuer-menschenrechte.de/aktuell/news/meldung/article/inklusion-ist-bestandteil-jedes-menschenrechts/ (letzter Zugriff: 11.03.2020).

4   Bude, Heinz: Was für eine Gesellschaft wäre eine „inklusive Gesellschaft"? In: Heinrich Böll Stiftung (Hg.): Inklusion. Wege in die Teilhabegesellschaft. Frankfurt am Main, 2015, S. 37–43, hier S. 40.

5   Vgl. Löw, Martina: Vielfalt und Repräsentation. Über den Bedeutungsverlust der symbolischen Mitte. In: Heinrich Böll Stiftung (Hg.): Inklusion. Wege in die Teilhabegesellschaft. Frankfurt am Main, 2015, S. 180–191.

6   Ebd., S. 190.

7   Ebd., S. 191.

8   Ebd.

9   United Nations (Hg.): Habitat III. New Urban Agenda. English. Quito, 2017.

10   Sennett, Richard: Die offene Stadt. Eine Ethik des Bauens und Bewohnens. Berlin, 2018, S. 213, Originalausgabe; Building and Dwelling: Ethics for the City. London, New York, 2018.

11   Ebd., S. 322.

# Experimentelle Werkstattgespräche

Inklusion ist wichtig, aber kein Blockbuster-Thema. Meist sind diejenigen, die von Exklusion betroffen sind, auch diejenigen, die sich damit beschäftigen und gut auskennen. Sonst lockt das Thema Inklusion eher nicht. Dabei wäre es wichtig, gerade jenen einen Zugang zu bieten, die sich bislang wenig oder gar nicht damit auseinandersetzen. Zum Beispiel sollten (künftige) Planer*innen wissen, dass Inklusion nicht nur bedeutet, die passende Rampenneigung zu kennen. Will man andere erreichen und ermutigen, sich zu informieren und über das komplexe Thema nachzudenken, sollte Inklusion offen und verlockend angesprochen werden. Das fängt schon beim Setting an: Die Werkstattgespräche fanden nicht in verborgenen Seminarräumen statt, sondern offen und frei zugänglich mitten im zentralen Atrium der Hochschule München in der Stadtmitte. Angekündigt wurden sie durch auffällige Poster und Flyer.

Die Raumsituation war speziell und für alle eine Herausforderung: Eine zu drei Seiten geschlossene Box von 4,40 mal 3,88 Metern war die Umfassung des Gesprächstisches. Zuhören war aber in ganz unterschiedlichen Bereichen möglich: auf Sitzplätzen direkt vor der Box oder aber von oben, von einer der umlaufenden Galerien. So war gezielte wie zufällige Zuhörerschaft garantiert. Der Preis dafür war der Komfort: Die Akustik war anstrengend, die Sitzwürfel waren unbequem und die Temperaturen im wenig beheizten Raum an diesen sehr kalten Wintertagen keine Kuschelnummer. Inklusion kann leicht, aber auch sehr anstrengend sein.

Jede Gesprächsrunde bekam eine Doppelfrage als Diskussionsgrundlage gestellt. Am Tisch Platz nahmen jeweils drei geladene Gäste. Jeder Gast war gebeten worden, ein Mitbringsel beizusteuern, welches das persönliche Interesse an der Frage bzw. einen fachspezifischen Standpunkt zu Beginn der Diskussion darstellen sollte. Alle vier Runden wurden von der Landschaftsarchitektin und Mediatorin Susann Ahn von der ETH Zürich souverän moderiert.

### Werkstattgespräch 1: Ist die Stadt von heute eine Inklusionsmaschine?

Unterstützt sie beim Inklusionsvorhaben?

Hier geht es um eine Bestandsaufnahme und Beurteilung der aktuellen Lage. Es gilt einzuschätzen, wie der Zustand heute ist, welche Wege bereits beschritten wurden und welche Baustellen es noch gibt. Die Gesprächsteilnehmer*innen markieren auf einer großen Skala, wie inklusiv erfolgreich ihrer Meinung nach die/eine Stadt ist. Es diskutieren die Disability-Studies-Forscherin Prof. Dr. Lisa Pfahl von der Universität Innsbruck, Stadtplanerin Dr. Cordelia Polinna, Praktikerin und geschäftsführende Gesellschafterin des Berliner Büros für städtische Transformation Urban Catalyst, und Stephan Reiß-Schmidt, Urbanist und freier Berater für Stadtentwicklung sowie Stadtbaudirektor a. D. der Landeshauptstadt München, über die Städte München, Berlin und Innsbruck.

### Werkstattgespräch 2: Ist es scheinheilig, über die Stadt als Inklusionsmaschine zu sprechen?

Stellt Inklusion nur ein Feigenblatt dar?

Für die Diskutant*innen des zweiten Gesprächs wurde die Fragestellung zugespitzt. Genau und schonungslos soll begutachtet werden, welche Maßnahmen tatsächlich der Inklusion dienen und welche lediglich ein Beitrag zum guten Gewissen sind. Die Frage nach dem entscheidenden Unterschied zwischen Selbstverständlichkeit und Anschein (oder Scheinheiligkeit) ist auch eng mit der Könnerschaft der Einzelnen in Begegnungen mit Fremden verbunden. Dies wird präzise, fast schon forensisch analysiert und kontrovers diskutiert zwischen der Architektin, Stadtplanerin und Stadtforscherin Prof. Dr. Nina Gribat aus Cottbus, dem Kommunikationspsychologen Prof. Dr. Michael Häfner aus Berlin und Prof. Dr. Hendrik Trescher, Soziologe und Erziehungswissenschaftler aus Marburg.

### Werkstattgespräch 3: Welche Bauteile braucht die Inklusionsmaschine Stadt?

Oder ist ihre Konstruktion eine Utopie unserer Zeit?

Die Maschinenmetapher wird abgeklopft, auseinandergenommen und infrage gestellt. Die Gäste des dritten Werkstattgesprächs beraten darüber, was es bedeutet, die Stadt als Maschine zu verstehen, und welcher Art Maschine sie ähnelt. Ist es eine Maschine, die etwas herstellt? Als Hauptaspekt diskutiert wird das Verhältnis des Menschen zur Maschine. Da es auf die Menschen ankommt, die diese Maschine konstruieren und in Gang halten, haben sie die Verantwortung und dürfen sich nicht hinter der Maschine verstecken. Maximilian Dorner, der Autor, Regisseur und Mitarbeiter des Kulturreferats München, bringt zum Gespräch ein Bauteil der Maschine mit. Die Architektin und Transformationsdesignerin Dr. Saskia Hebert aus Braunschweig stellt die Systeme, in denen Maschinen funktionieren, in den Vordergrund, und der Bauhistoriker, Stadt- und Architekturtheoretiker Prof. Dr. Karl R. Kegler aus München baut Brücken von verschiedenen Maschinen zu unterschiedlichen Gesellschaften.

### Werkstattgespräch 4: Wer baut die Inklusionsmaschine Stadt?

Ingenieurinnen, Akteure, Theoretikerinnen, Praktiker, Betroffene, Beobachterinnen. Wer gibt die besten Handlungsempfehlungen?

Hier werden die Akteur*innen einer Stadt, die Macher*innen, die Mitmacher*innen und die Nichtmacher*innen in den Mittelpunkt der Diskussion gestellt. Matthias Weinzierl, Grafiker und aktiv im Bayerischen Flüchtlingsrat, legt einen Ziegelstein auf den Tisch: übrig gebliebenes Baumaterial vom Bellevue di Monaco, das er mitinitiiert hat. Der Architekt, Stadtplaner und Mitgründer von pan m architekten Roman Leonhartsberger greift die Idee auf, spricht vom Gestalten von Differenzen und der Schaffung von Schnittstellen. Die Soziologin Dr. Irmhild Saake aus München weitet den Blick auf, sie beleuchtet die Bedeutung großer Player und die stabilisierende Wirkung von Konsum.

ADT

Lic

1

11.1

Isdie

bout

# Werkstattgespräch 1

# Ist die Stadt von heute eine Inklusionsmaschine?

Unterstützt sie
beim Inklusionsvorhaben?

Benutzerfreundlichkeit hat zwei Gesichter, sie erleichtert das Leben, aber die Benutzer*innen werden durch die Umgebung auch nicht mehr herausgefordert oder angeregt. Wenn die Stadt als Maschine angepriesen wird, die das Leben erleichtert, ist das eine falsche Versprechung – als könnte die Maschine einen Zustand herstellen. Inklusion ist nur als Prozess denkbar, aktiv betrieben von allen Bürger*innen. Der Maschinenbegriff schwimmt im Fahrwasser der Idee der Selbstoptimierung und der damit verbundenen Ökonomisierung, zwei exkludierende Kräfte.

Benutzerfreundlichkeit sollte auch als Fehlerfreundlichkeit gedacht werden, egal, ob es sich um bauliche, gegenständliche oder konzeptuelle Angebote handelt. Es gibt unterschiedliche Bedürfnisse, denen man gerecht werden muss, daraus können Zielkonflikte oder bestenfalls Synergien entstehen. Benutzerfreundlichkeit als barrierefreie Zugänglichkeit ist eine unumstrittene Grundvoraussetzung für Inklusion, gemeint allerdings als „social inclusion". Dabei geht es um einen radikalen Wandel dessen, was als normal gilt. Es geht um Sichtbarkeit, Anerkennung und Selbstrepräsentation. In den Disability Studies geht es darum, dass Menschen mit Benachteiligungs- oder Behinderungserfahrungen für sich selbst sprechen. In einer inklusiven Stadt müssen sie gefragt werden und zu Wort kommen, gleichberechtigt und nicht als Handvoll Ehrenamtlichen, die Scharen von bezahlten Verwaltungsangestellten gegenübersitzen.

Solche Partizipation stellt heute hohe Anforderungen an die Stadtentwicklung. Idealerweise bietet sie Räume zur Entfaltung. Die Frage bleibt allerdings, ob man mit den verschiedenen Verfahren tatsächlich Menschen erreicht, die beispielsweise nicht Deutsch als Muttersprache sprechen oder die behindert werden. Oft irrlichtern gut gemeinte Vorstellungen von Menschen, die inkludiert werden sollten, in Planerköpfen. Doch es gibt niemanden, den oder die man inkludieren kann! Das widerspricht der Idee von Inklusion, die weder normal noch anders kennt. Die Stadt ist inklusiv, sie besteht aus denen, die da sind. Aber nicht alle, die da sind, haben gleiche Rechte, sondern es gibt viele, denen Ausschluss droht. Auf einer fiktiven Skala der Inklusivität heutiger Städte steht eine Markierung in der Mitte – wir sind auf dem Weg –, weisen Pfeile in negative und positive Richtungen, gibt es extreme Pendelausschläge. Optimal läuft es nicht mit der Benutzerfreundlichkeit als Fehlerfreundlichkeit, der inklusiven, oder in Richard Sennetts Sinne, mit der offenen Stadt.

**Ausschnitte aus dem Gespräch mit**

**Lisa Pfahl** (L.P.) Soziologin, Disability Studies, Universität Innsbruck

**Cordelia Polinna** (C.P.) Stadtplanerin, Urban Catalyst, Berlin

**Stephan Reiß-Schmidt** (S.R.-S.) Urbanist, freier Berater für Stadt- und Regionalentwicklung/
Strategie+Diskurs, 1996–2017 Stadtdirektor und Leiter der Hauptabteilung Stadtentwicklungsplanung
im Referat für Stadtplanung und Bauordnung der LHM

**Susann Ahn** (S.A.) Moderation

# Mitbringsel

C.P.: Die beiden Reliefs sind im Rahmen der Ausstellung „Keine Urbanität ohne Dörflichkeit – das Böhmische Dorf als Stadtlabor" im Berliner Bezirk Neukölln mit Studierenden der TU Berlin erstellt worden. Die Ausstellung habe ich 2012 im Rahmen meiner Gastprofessur für Planungs- und Architektursoziologie an der TU Berlin kuratiert. Das Böhmische Dorf im heutigen Berliner Bezirk Neukölln ist ab 1737 entstanden, als protestantische Glaubensflüchtlinge aus Böhmen und Mähren im heutigen Tschechien eingewandert sind. Ihnen wurde im Umfeld der Stadt Berlin Land gegeben, wo sie sich niederlassen konnten. Am Rand des bereits existierenden Rixdorfs hat sich eine böhmische Siedlung mit sehr prägnanten Baustrukturen entwickelt, die heute größtenteils erhalten sind. Eine idealisierte Ansicht des Dorfes wurde von den Nachfahr*innen der Einwanderer*innen auf einem Relief verewigt. Wenn man das Dorf auf diesem Relief betrachtet, wundert man sich: Warum sind da Hügel? Berlin ist eigentlich ziemlich flach. Diese Hügel sind eine Reminiszenz an die böhmisch-mährischen Hügel. Die Nachfahr*innen haben sie in dieses Bild hineinprojiziert, um sich an die schöne Heimat, die sie verlassen mussten, zu erinnern.

Wir haben die historischen Orte der Migration in diesem Dorf untersucht und in der Ausstellung gezeigt, dass die aus den dörflichen Strukturen resultierenden engen sozialen Verflechtungen, die zusätzlich durch starke religiöse Gemeinschaften gefördert wurden, für die böhmischen Migrant*innen von zentraler Bedeutung waren, um in der neuen Heimat überleben zu können. Seit fast 50 Jahren ist Neukölln auch von anderen Einwandergruppen geprägt. Sehr lange von türkischen und jugoslawischen „Gastarbeiter*innen", später kamen Menschen aus den palästinensischen Gebieten und dem arabischen Raum hinzu. Wir haben deshalb auch die heutigen Orte der Migration untersucht: Welche Orte haben die Migrant*innen ausgesucht, um zu arbeiten, um ihren Glauben zu leben, sich zu treffen, um sich auszutauschen? Das ist total spannend, weil sich diese Orte mit den historischen überlagern. Wir haben viele Parallelen entdeckt, denn auch heute spielen als „dörflich" zu bezeichnende enge soziale Verflechtungen eine wichtige Rolle für Migrant*innen, um in der neuen Heimat anzukommen und mit den vielfältigen Herausforderungen, die sich dort bieten, umzugehen. Die Student*innen haben – parallel zum Relief der böhmischen Einwander*innen – ein Relief für die heutige Zeit als Collage neu erstellt. Auch hier ist eine idealisierte Version des Stadtteils zu sehen, zum Beispiel mit einer Moschee aus Istanbul, die als Reminiszenz an die Heimat vieler Eingewanderter fungiert.

Das Thema Räume für Inklusion, Entfaltung, ist ein wichtiges Thema. Meine These ist, dass heute solche Räume, vor allem in innerstädtischen Gebieten, mehr und mehr unter Druck geraten und verloren gehen durch Phänomene wie Aufwertung, Gentrifizierung und Verdrängung.

S.A.: Das öffnet einen Horizont, wie Inklusion viel weitergedacht werden kann! Eine Teilhabe an der Stadtgesellschaft und auch an unterschiedlichen Räumen. Da ist Migration eine ganz spannende und auch relevante Sache. Sie haben gerade genickt, daher gebe ich jetzt an Sie weiter, Herr Reiß-Schmidt.

S. R.-S.: Ich konnte mich nicht für ein Mitbringsel entscheiden, deshalb umkreise ich mit Zitaten und Bildern das Thema.

Dieses Zitat ist von Armin Nassehi: „In Städten kommt zusammen, was nicht zusammengehört." Ich glaube, das ist eine ganz wichtige Voraussetzung, um die Fragestellung der Inklusion zu verstehen. Die Stadt ist im Grunde genommen für jeden, der in der Stadt lebt, für jede, die dort wohnt, arbeitet oder sich bewegt, eine einzige Zumutung, weil lauter Dinge zusammentreffen, die nicht von vornherein koordiniert, aufeinander abgestimmt und rund laufend konstruiert sind. Das ist eine These zur Basisvoraussetzung. Das heißt also, die Inklusionsmaschine Stadt ist zunächst mal wahrscheinlich eine Fehlkonstruktion.

Hier ist ein Foto aus München von vor einigen Jahren. Ein ehemaliges Kino, das leer stand, ist für eine Inschrift genutzt worden, die lautet: „Hallo Giesing, mein Name ist Gentrification". Und das ist für München das Topthema, wenn ich über Recht auf Stadt und soziale Inklusion, Integration und von Menschen unterschiedlicher Einkommensgruppen und Kulturen rede: das Thema Wohnen. Man kann ganz schlicht schon mal einen Teil des Ergebnisses vorwegnehmen: München ist mit Sicherheit im Hinblick auf den Zugang zu angemessenem Wohnraum überhaupt keine Inklusionsmaschine und das gilt für sehr viele andere Großstädte in Deutschland und in der Welt auch.

Das nächste Bild ist ein Fund aus Hamburg. Auf der Besucherterrasse der Elbphilharmonie gibt es für Menschen, die Einschränkungen beim Sehen haben, tastbare Bodenmarkierungen, weil dieses Foyer ein sehr amorpher Raum ist, in dem man sich schwer orientieren kann. Meine These dazu ist: Inklusionsmaschine Stadt in den Köpfen suchen, nicht in den Steinen. Das wirkliche Thema der Inklusion findet in den Köpfen der Menschen statt. Hier liegt vieles im Argen. Kognitive Dissonanz: zu wissen und auch im Bewusstsein zu haben und trotzdem anders zu handeln. Das ist ein Riesenthema für die Inklusion im sozialen, aber auch im kulturellen Sinne.

Das dritte Bild ist in Frankfurt am Main entstanden. Mit diesem graffito tag auf der Wand eines Gebäudes, das dort am Ufer steht: „Stadt für alle". Das Zitat stammt von Richard Sennet: „Diese ganze Benutzerfreundlichkeit ist eine furchtbare Idee. Es bedeutet, dass man keine Anregung bekommt. Eine Stadt sollte dagegen gerade nicht benutzerfreundlich sein, sondern ein Ort, wo man lernt, wie man mit schwierigen Personen und anderen Menschen umgeht. Erst das macht sie wirklich zu einer offenen Stadt."

S.A.: Inklusion soll in den Köpfen gesucht werden und nicht in den Steinen. Frau Pfahl, sie sind Expertin in Disability Studies. Wie sehen Sie das?

L.P.: Der Begriff social inclusion wurde von der internationalen Behindertenrechtsbewegung geprägt und zielt auf den Einbezug unterschiedlichster Menschen und Gruppen in ein heterogenes Ganzes, also auf eine demokratische Gesellschaft für alle. Es geht um einen radikalen Wandel dessen, was wir als normal erleben: Die Ausgrenzung von Personen aufgrund von Vorurteilen und Barrieren. Dazu gehören Gebäude und Infrastrukturen genauso wie Normalitätsvorstellungen. Inklusion stellt somit auch übermäßige, neoliberale Leistungserwartungen, die an uns gestellt werden, infrage. Und es geht vielmehr darum, eine inklusive Gesellschaft zu schaffen, in der Fragen der Sichtbarkeit, der Anerkennung und der Selbstrepräsentation von Menschen mit Behinderung Berücksichtigung finden. Deswegen habe ich diese Fotografie aus dem Kulturmagazin „Crip Magazine #2" von Eva Egermann, einer Künstlerin aus Wien, mitgebracht. Das Bild zeigt eine Interpretation der Chloé-Werbung: ein Model, das als Frau mit Trisomie 21 erkennbar wird, wirbt für ein Parfüm und bezieht behinderte Menschen als Konsumierende ein. Zugleich ermöglicht es eine Ästhetisierung und Identifikation mit der Behinderung. In einer inklusiven Stadt könnte das Bild ganze Plakatwände zieren. Über dieses Beispiel hinaus geht es in den Disability Studies darum, dass Menschen mit Benachteiligungs- und Behinderungserfahrungen politisch mitbestimmen, wie wir in der Stadt und in der Gesellschaft überhaupt leben. Wenn Menschen mit Behinderungen beispielsweise selbst bestimmen, wie gebaut wird, dann ist Behinderung nicht das Defizitäre – das, was nicht funktioniert, das, was hässlich oder fehlend ist –, sondern das Alltägliche, das kreative, flexible und kraftsparende Lösungen verlangt, von dem alle etwas haben (wollen).

# Inklusivität der Stadt heute

S.A.: Inwieweit ist die Stadt schon inklusiv? Sie hatten gesagt, Herr Reiß-Schmidt, dass die Inklusionsmaschine Stadt eine Fehlkonstruktion sein könnte. Es wurde auch gesagt, Inklusion muss auf jeden Fall ein Zukunftswert sein. Hier geht es um eine spontane Bestandsaufnahme: Ich würde Sie alle bitten, einen Kreppstreifen auf diese Skala zu kleben und damit Ihre Einschätzung, inwieweit die Stadt schon inklusiv ist, zu markieren.

S.R.-S.: Durch den Begriff Maschine wird der Eindruck erweckt, ich würde etwas, das außerhalb der Person, außerhalb meiner Intention und meines Bewusstseins ist, die Aufgabe der Inklusion anvertrauen. Das halte ich für sehr gefährlich.

Gleichzeitig befindet man sich, wenn man den Begriff Maschine gebraucht und ihn in einem gesellschaftlichen Sinn versteht, auf der Schiene der Optimierung, des Optimierungswahns, der in dieser Gesellschaft immer mehr um sich greift, auch auf der Schiene der Ökonomisierung. Diese Haltung hilft uns gerade in Bezug auf die Inklusion nicht weiter. Die physische Struktur der Stadt und des einzelnen Gebäudes ist eine ganz wichtige Ressource für Inklusion, aber nicht im Sinne einer Maschine und eines Automatismus, sondern als Ressource, die man nutzen kann oder auch nicht. Viele Dinge sind absolut notwendig, aber sie sind absolut nicht hinreichend. (…) Die Stadt München ist schon sehr früh, weit vor meiner Zeit in der Stadt, mit Fragen der Integration und, als es diesen Begriff dann gab, mit Fragen der Inklusion umgegangen. Zum Beispiel gab es vor einigen Jahren die größte empirische Studie in allen deutschen Städten, in der Menschen mit Behinderungen zu verschiedenen Aspekten ihres Lebens in der Stadt befragt wurden, auch zu Fragen der Diskriminierung und des Erlebens der Diskriminierung.

Ein Bemühen, zunächst einmal Wissen zu generieren, bevor man an die Frage des Bewusstseins und dann des Handelns kommt. Es gibt in München, so wie in den allermeisten anderen deutschen Städten, ein Ziel- und Maßnahmenkonzept, ausgehend von der UN-Behindertenrechtskonvention, nicht nur im baulich-technischen Sinn, sondern auch bezogen auf Bewusstseinsbildung, (…) zwanzig Handlungsfelder sind dort aufgelistet.

Und es gibt für den (neu zu bauenden) Stadtteil Freiham das Ziel, daraus einen inklusiven Modellstadtteil zu machen. Nach meiner Kenntnis eine Neuheit in der deutschsprachigen Stadtplanungslandschaft. Dieser Versuch, den man auf vielen Ebenen hinterfragen kann, hat dazu geführt – das ist, glaube ich, das Wichtige bezogen auf meinen Erfahrungshintergrund –, dass nicht nur im Planungsreferat, sondern auch in sehr vielen anderen Dienststellen, die an der Entwicklung eines Stadtteils beteiligt sind, Baureferat, Sozialreferat, Kulturreferat, Schulreferat etc., das Thema Inklusion plötzlich bezogen auf diesen Modellstadtteil einen ganz anderen Stellenwert in der Suche nach innovativen Lösungen bekommen hat.

Das ist, finde ich, schon eine sehr gute Entwicklung – jenseits der Frage, ob sich ein inklusiver Stadtteil planen, bauen und dann auch entsprechend nutzen lässt. Deshalb klebe ich jetzt meinen Krepp-Abschnitt auf die Mitte: Die Stadt München hat sich auf den Weg gemacht, aber sie ist noch lange nicht am Ziel angekommen, wenn man überhaupt von Ziel sprechen sollte und nicht vielmehr von einem permanenten Prozess.

**L.P.:** Ich kenne München nicht besonders gut. Aber als ich heute Mittag am Bahnhof ankam und zu Fuß hierherkam, war mein erster Eindruck: Die Stadt ist überhaupt nicht geräumt! [Es lag am Tag des Gespräches viel Schnee.] Als Rollifahrerin wäre ich ohne fremde Hilfe nicht angekommen! Es war auch als Fußgängerin noch gefährlich, weil nicht gestreut wurde, und Touristen vor mir schlitternd die Fahrbahnen überquerten. Das macht eine selbstbestimmte Nutzung der städtischen Infrastruktur für sehr viele Menschen so gut wie unmöglich.

**S.R.-S.:** Ja, das ist völlig richtig.

**L.P.:** Es ist schwierig, pauschal eine Antwort auf die Frage zu geben, wie weit München mit der Inklusion ist. Es müssen unterschiedliche Aspekte betrachtet werden. In München sind einerseits die ersten integrativen Kindergärten in der Bundesrepublik Deutschland gegründet worden, andererseits hat dies nicht dazu geführt, dass Bayern sein aussonderndes Schulsystem reformiert hat. Aus Disability-Studies-Perspektive würde ich unterscheiden: Was tut sich sozial und kulturell, das heißt, wer kann sich wie kulturell repräsentieren und wie leben wir zusammen? Und: Durch welche Institutionen und politischen Strukturen werden wir getragen? Als Metropole bekommt München einen Inklusionspunkt. Wie in anderen Großstädten werden kulturelle Angebote inklusiver, also die Menschen haben nicht nur barrierefreien Zugang, sondern sie sind auch daran beteiligt. Das geht unter anderem auf Maximilian Dorner zurück, der im Kulturreferat der Stadt für Inklusion zuständig ist. Auf der Ebene des politischen Zusammenlebens und der Strukturen bekommt München von mir einen Minuspunkt. Bayern ist bildungspolitisch nicht konsequent an Inklusion orientiert. Ich weiß, dass es viele Bemühungen gibt und auch einiges passiert, aber bildungspolitisch ist München nicht am Ziel angekommen.

S.A.: Und als Berlinerin?

C.P.: Ich würde auch einen oder mehrere Pfeile kleben wollen. Es gibt prozesshafte Entwicklungen, die in ganz unterschiedliche Richtungen weisen. Ich möchte mir fast gar nicht anmaßen, als weiße, mittelalte, sehr mobile Frau zu urteilen, wie barrierearm und wie inklusiv Städte sind, aber es gibt sicherlich Fortschritte, die in baulicher und institutioneller Hinsicht in Bezug auf die Minderung von Barrieren gemacht werden. Aktuell werden diese jedoch durch gesellschaftliche Entwicklungen wieder konterkariert. Das ist in einer Stadt wie Berlin beispielsweise die zunehmende Unbezahlbarkeit von Wohnungen in innenstadtnahen Quartieren für finanzschwache Bevölkerungsgruppen, zu denen eingeschränkte Menschen, aber auch Alleinerziehende und weitere gesellschaftliche Gruppen mit eingeschränkten Teilhabemöglichkeiten zählen. Es sind Trends wie eine zunehmende Ökonomisierung vieler Funktionen des Lebens oder ein Rückzug der Menschen ins Private oder in ihre eigene „Meinungsblase", in private Freizeiteinrichtungen, in private Shoppingmalls, private Schulen, die auf Exklusion abzielen, die also wieder weniger Inklusion zur Folge haben. Meine These ist zugespitzt: Auf der einen Seite bewegt sich die Inklusion in eine richtige Richtung und auf der anderen Seite wird gerade ganz viel infrage gestellt durch eine zunehmende sozioökonomische Polarisierung, aber auch durch Politik- und durch Demokratieverdrossenheit. Diskussionen über Inklusion und gesellschaftliche Errungenschaften, die wir schon vor 20 Jahren hatten, werden im derzeitigen politischen Klima von einigen Akteur*innen gerade wieder ganz massiv infrage stellt, was eine höchst bedenkliche Entwicklung ist. Deswegen klebe ich einen Pfeil mit zwei Spitzen.

# Inklusion meint den Einschluss aller und ihre Partizipation

L.P.: Wir haben eine kurze Annäherung an den Begriff der Inklusionsmaschine gemacht und haben dabei auf den Maschinenteil geschaut. Ich würde gerne, der Vollständigkeit halber, den Begriff Inklusion noch einmal näher erläutern.

**S.A.:** Ja, gerne.

**L.P.:** Wenn wir uns mit Inklusion beschäftigen, meinen wir nicht nur etwas anderes als Integration, sondern zielen auch auf einen anderen Sachverhalt. Integration ist der Prozess der Anpassung von Subjekten an eine Situation oder Organisation, um nach erfolgreicher Anstrengung daran teilhaben zu können. Inklusion hingegen geht von der zu erreichenden Situation, Organisation oder Institution aus, in der die Subjekte integriert sind und selbstbestimmt handeln können. Die UN-Behindertenrechtskonvention hat den Begriff Inklusion erstmals in ein Rechtsdokument aufgenommen. Inklusion beschreibt also den zu erreichenden Zustand des Einschlusses aller von einer Institution adressierten Personen und ihre Partizipation. Dabei sind beide Schritte wichtig: Es ist Anwesenheit durch barrierefreien Zugang herzustellen und es sind Prozesse der Mitbestimmung zu ermöglichen. Wenn das nicht geschieht, ist Inklusion nicht gegeben.

Insofern könnten wir uns fragen, was wir hier am Tisch machen. In welcher Weise sind wir von dem Phänomen, das wir gerade diskutieren, selbst betroffen und haben Einfluss darauf? Welche sichtbaren und unsichtbaren Formen der Behinderung finden eigentlich Berücksichtigung? Was wir in den Disability Studies insgesamt beobachten, ist ein dramatischer Anstieg an Behinderungen, der eng mit ökonomischen Entwicklungen verbunden ist. Gesteigerte Leistungserwartungen in der Bildung, Arbeits- und Berufswelt führen zu einem Anstieg psychischer Belastungen. Ungleichheits- und Armutsverhältnisse verschärfen sich weltweit und verfestigen somit für viele Menschen Lebenssituationen, in denen sie beeinträchtigt oder behindert werden. Dies betrifft auch jüngere Personen. Nach Selbstauskunft geben beispielsweise weit über 20 Prozent der Studierenden an, sich in ihrem Studium behindert zu fühlen (Deutsches Studentenwerk, 2018: Studie best 2). Die Hauptgründe sind psychische Belastungen, Leistungsstörungen, Schlafstörungen, Depressionen. Wenn wir über soziale Inklusion reden und nachdenken, dann müssen wir uns nicht nur mit Barrieren beschäftigen, sondern auch mit ökonomischer Benachteiligung, Verdrängung aus den Städten, aus den Communitys, und mit der Ungewissheit vieler darüber, ob sie jemals partizipieren werden. Zur Inklusionsbegriffsklärung finde ich es daher wichtig, diese Doppelbedeutung beizubehalten. Also Institutionen zu öffnen und alle, die jeweils in der Institution, in der Organisation oder dem Gebäude sind, sprechen mit, was dort wie umgestaltet wird.

**S.A.:** In der Stadtplanung gibt es auch den Begriff der Partizipation, der seit den 1970er Jahren in Deutschland weitergetrieben wurde. Frau Polinna, sie sind ja stark tätig mit kooperativen Partizipationsveranstaltungen im Bereich der Stadtplanung.

Cordelia Polinna

Susann Ahn

Lisa Pfahl

# Stephan Reiß-Schmidt

Dorothee Rummel

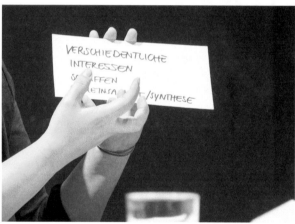

**C.P.:** Es gibt mittlerweile sehr hohe Ansprüche an Partizipation, verankert zum Beispiel durch Förderprogramme und die Leitlinie zur Bürgerbeteiligung, die es verlangen, dass partizipativ gearbeitet wird. Der hohe Anspruch an Inklusion wird aber in keiner Weise eingelöst. Bei allen Verfahren fragen wir uns immer wieder: Wie können wir erreichen, dass mehr Menschen, die nicht Deutsch als Muttersprache haben, sich überhaupt beteiligen? Das gelingt quasi nie. Dies gelingt noch am besten auf einer extrem lokalen Ebene, etwa im Quartiersmanagement. Wenn dann Menschen mit Migrationshintergrund dabei sind, dann ist das oft eher eine Bildungselite. Leider kommen eher selten die Hausfrauen und Mütter zum Beispiel, aber die leisten auch so viel Familienarbeit, die haben gar keine Zeit, zu solchen Veranstaltungen zu gehen. Auch für Menschen mit Behinderungen bestehen offenbar große Hindernisse, sich zu beteiligen. Ältere Menschen sind ein Sonderfall. Da bemerkt man, dass sie offenbar viel Zeit haben und Interesse, sich einzubringen. Sie können zu den Abendveranstaltungen gehen und man hat den Eindruck, dass sie sich bisweilen die Frage stellen: Gehe ich heute ins Theater oder gehe ich zur Bürgerdiskussion? Vielbeschäftigte Familien und die Leute in der Lebensmitte haben keine Zeit, abends oder am Wochenende noch zur Bürgerbeteiligung zu gehen.

**L.P.:** Kennen Sie die Inclusive-Cities-Bewegung? Die Stadt Almere, die Nachbarstadt von Amsterdam, hat das für sich aufgegriffen. Je nach Stadt und Ort laufen in dem Rahmen unterschiedliche Projekte, wobei der Städtebau und die Stadtplanung da jeweils mit eingeschlossen sind oder zumindest angesprochen werden. Im Prinzip geht es darum, die verschiedenen Lebensbereiche miteinander zu verbinden, also Arbeit, Beschäftigung, Wohnen, Bauen und die Mitbestimmung der Bürger*innen gemeinsam und bottom-up zu verbessern: Wie fühle ich mich in der Stadt, wie mobil bin ich usw. In Almere wurde ein äußerst heterogener Beirat zum Stadtparlament gegründet, der in den verschiedensten Belangen angehört wird.

**S.R.-S.:** Gibt es in München schon seit 30 Jahren. Aber das heißt nicht, dass diese Stimme auch genügend Widerhall findet. Das ist sehr abhängig von sehr vielen detaillierten Bemühungen. Nehmen wir mal nur die Stadtratsentscheidungen in München und nicht jede einzelne Verwaltungsentscheidung. Die Menge der Entscheidungen in einer Millionenstadt unter dem Aspekt nachzuverfolgen, ohne dass man einen eigenen administrativen Apparat hat, bis auf ein Sekretariat, ist fast unmöglich. Ehrenamtlich so viele Projekte nachzuverfolgen, ist unendlich schwierig. Weil mit Recht Unmut kam aus dem Behindertenbeirat, dass sich ihre Bedürfnisse und Sichtweisen nicht ausreichend wiederfinden – gerade in der konzeptionellen Verkehrsplanung, die ja unsere Aufgabe in der Stadtentwicklungsplanung war –, haben wir vor einigen Jahren regelmäßige Jour fixe eingerichtet und die Themen weit im Vorfeld konkreter Stadtratsvorlagen intensiv erörtert, uns beraten lassen. Dabei wird zwischen Mitgliedern aus dem Behindertenbeirat und den Projektleitungen einzelner Verkehrsprojekte lange vor einer Entscheidung wirklich ein Dialog betrieben. Das heißt, es gibt dann neben den normalen Sitzungen eines solchen Beirats Arbeitsebenen, die auch wieder sehr zeitintensiv sind. Für beide Seiten, nur: Die einen werden dafür bezahlt und die anderen nicht.

L.P.: Ja, Dauerbrenner!

S.R.-S.: Die Disproportionalität zwischen einer inzwischen rund 30.000 Personen umfassenden Stadtverwaltung wie in München und den dahinterstehenden Berater- und Gutachterstäben usw., gegenüber einem ehrenamtlichen Gremium, das originär die Erfahrungen einbringt, ist enorm. Eigentlich müsste ein solches Gremium auch einen hauptamtlich tätigen Apparat haben, in dem dann Konzepte und Projekte kritisch betrachtet und – möglichst bevor es überhaupt zur Entscheidungsvorbereitung kommt – Input formuliert und in diesen riesen Apparat einer Stadtverwaltung einer Millionenstadt eingespielt wird. Es ist natürlich in kleineren Städten oder in eher ländlich strukturierten Räumen erstens transparenter und zweitens vielleicht auch ein Stück einfacher, wirklich Wirkung zu erzeugen als in so einer Millionenstadt. Denn dort reicht es häufig schon, wenn man den Zugang zum Bürgermeister hat, zur Bürgermeisterin, weil da dann alle Fragen und Entscheidungen ganz wesentlich auf ihrem Tisch liegen.

L.P.: Die Umsetzung der Behindertenrechtskonvention verlangt, auf allen politischen Ebenen bei der Entscheidungsfindung Selbstvertreter*innen von Menschen mit Behinderungen einzubeziehen. Das geschieht unentgeltlich durch Akteur*innen der DPO (Disabled Peoples Organisations). Das ist eine Chance, aber zugleich sind Selbstvertretungsorganisationen strukturell überfordert, all diesen Tätigkeiten bei gleichbleibenden Ressourcen nachzukommen. Hier wären hauptamtliche Gremien eine Lösung. Noch einen Schritt weiterzugehen, würde heißen: Wir lösen das Arbeitslosigkeitsproblem behinderter Menschen und schaffen überall dort bezahlte Stellen, wo ihr Wissen gebraucht wird, das heißt in den Stadtverwaltungen, an den Universitäten, in den akademischen Jobs und in allen anderen Jobs. Dann kommt das Wissen dort an, wo wir es brauchen.

# Niemand kann inkludiert werden

C.P.: Ich möchte hier noch einmal einhaken. Wir haben gerade über Flächengerechtigkeit gesprochen, über breitere Fußgängerwege und die Zurückdrängung des Autoverkehrs. Ich finde, man müsste viel stärker die Synergieeffekte und positiven Aspekte hervorkehren anstatt zu sagen: „Oh, es kollidiert miteinander." Das macht es irgendwie schlecht, langweilig oder was auch immer. Eine Stadt, die weniger von Autos dominiert wird, und in der sich Fußgänger\*innen sicher bewegen können, wird nicht nur eine nachhaltigere Stadt sein, sondern auch eine inklusivere.

Darüber hinaus ist es ein wichtiges Kennzeichen von Stadt, dass dort Raum für Vielfalt von Lebensweisen, gesellschaftlichen Gruppen etc. vorhanden ist. Wie vorhin skizziert, gibt es aktuell ganz viele gesellschaftliche Entwicklungen, die diese Heterogenität massiv infrage stellen, sei es durch nationalistisch motivierte Ausgrenzung oder durch eine zunehmende sozioökonomische Polarisierung. Deshalb ist unter anderem eine gemeinwohlorientierte Bodenpolitik in den nächsten Jahren ein ganz wichtiger Faktor, um Heterogenität zu bewahren. In dieser Hinsicht muss der Begriff Inklusion auch auf Maßnahmen von Stadtentwicklung und Bodenpolitik erweitert werden. Man muss nicht nur Richtlinien erlassen zur Inklusion, sondern auch eine gemeinwohlorientierte Stadtpolitik betreiben. Sonst sind irgendwann alle Menschen, die man inkludieren oder integrieren muss, verdrängt.

L.P.: Stopp! Es gibt niemanden, den man inkludieren kann. Es hilft, im Sprechen und Nachdenken darauf zu achten, den menschenrechtlichen Inklusionsbegriff richtig anzuwenden. Was wir jetzt diskutieren, ist die Gegenthese zu dem Armin-Nassehi-Zitat. In der Stadt ist das, was zusammengehört! Und nicht das, was nicht zusammengehört. Denn Letzteres macht nur Sinn, wenn ich systemtheoretisch annehme, Inklusion fände schon allein durch die Adressierung der Subjekte statt. Das stimmt aber nicht. Denn das würde ja bedeuten, die Personen, die Subjekte, die da sind, bilden automatisch das Gesamte und das ist die Stadt. Und wenn das nicht heterogen genug ist, dann ist es eben auch keine Stadt. Wenn wir hier stehen bleiben, dann übergehen wir den Schritt der Partizipation, der für Inklusion so wichtig ist. Aus Disability-Studies-Perspektive ist niemand inkludierbar, weil Inklusion erst stattfindet, wenn Leute da sind und insgesamt gleichberechtigt partizipieren können.

S.A.: Das heißt: Stadt ist inklusiv!

L.P.: Ja, genau, Stadt ist inklusiv.

C.P.: Aber aus meiner Sicht besteht gerade im Moment die Gefahr, dass viele Leute es sich auch aus ökonomischen Gründen in absehbarer Zeit nicht mehr leisten können, in der Stadt zu sein!

L.P.: Ja, aber dann muss sich Stadt verändern und nicht die Menschen!

C.P.: Stimmt, auch die Stadt muss sich verändern. Viele Städte versuchen aktuell, Instrumente zu entwickeln, die verhindern, dass Wohnraum als Anlageobjekt gesehen wird, dass zum Beispiel Eigentümerwechsel dazu führen, dass finanzschwächere Menschen aus ihren Wohnungen verdrängt werden. Wichtig ist, eine Stadtpolitik zu entwickeln, die dafür sorgt, dass alle Menschen, die es wünschen, die Möglichkeit haben, in einer Stadt zu leben und zu arbeiten, sich dort zu bewegen, ihre Freizeit zu verbringen etc.

L.P.: Ich glaube, wir meinen inhaltlich genau dasselbe. Ich versuche nur strikt, das Wort inkludierbar zu umgehen, weil es den menschenrechtlichen Gedanken von sozialer Inklusion unterläuft, als ob es nicht inkludierbare Menschen gäbe.

S.R.-S.: Aber nicht alle, die da sind, sind inkludiert. Sondern es gibt sehr viele, die da sind, aber trotzdem exkludiert sind. Die Kulturleistung der Stadt besteht genau darin, in der Heterogenität ein Zusammenleben zu ermöglichen. Ein Zusammenleben, bei dem Menschen miteinander in Beziehung treten. Eine A-priori-Eigenschaft, dass man da, wo man ist, inkludiert ist? Da wäre ich sehr vorsichtig.

C.P.: Ja, sonst gibt es ja keine Benachteiligung, oder?

# Ist die Stadt von heute eine Inklusions- maschine?

In den Sustainable Development Goals (Zielen nachhaltiger Entwicklung) der Vereinten Nationen wird der Begriff der Inklusion mehrfach gebraucht, im Zusammenhang mit Städten explizit in Ziel 11: „Nachhaltige Städte und Siedlungen – Städte und Siedlungen inklusiv, sicher, widerstandsfähig und nachhaltig gestalten".[1] Doch was ist unter dem Begriff Inklusion in einem städtebaulichen Kontext zu verstehen? Ein selbstbestimmtes Leben und Teilhabemöglichkeiten in allen Aspekten des Zusammenlebens sind Grundvoraussetzungen, die in Deutschland durch das Grundgesetz sowie die Unterzeichnung des Übereinkommens der Vereinten Nationen über die Rechte von Menschen mit Behinderungen eingelöst werden müssen. Das Prinzip der Inklusion soll „als in allen Lebensbereichen zu berücksichtigendes Prinzip Einzug"[2] halten. Dass die Gestaltung und Nutzung städtischer Räume einen erheblichen Einfluss darauf haben, ob eine Gesellschaft als inklusiv bezeichnet werden kann, verdeutlicht eine Definition des Begriffs vom federführend verantwortlichen Bundesministerium für Arbeit und Soziales: „Für Menschen mit Behinderungen bedeutet Inklusion vor allem, Bedingungen vorzufinden, damit sie ihren Aufenthaltsort wählen und entscheiden können, wo und mit wem sie leben, ihre Begabungen und Fähigkeiten ein Leben lang voll zur Entfaltung bringen können und ihren Lebensunterhalt durch frei gewählte oder angenommene Arbeit verdienen können."[3] Hier wird eine große Bandbreite von Funktionen angesprochen, die auch in urbanen Räumen die Voraussetzungen für Inklusion schaffen müssen, etwa in den Bereichen Wohnen und Arbeiten, Mobilität, Nahversorgung, Freizeit und Erholung, Bildungs- und soziale Infrastrukturen.

Welche Schnittstellen gibt es bei der Stadtentwicklung und dem Städtebau mit dem Thema Inklusion – über das zweifellos zentrale Thema der Barrierefreiheit hinaus? Können unsere Städte heute als inklusiv bezeichnet werden, sind sie in den vergangenen Jahren inklusiver geworden? Ist der Begriff „nur" auf Menschen mit Behinderungen anzuwenden oder ist es sinnvoll, ihn im Kontext von Städtebau und Stadtentwicklung zu erweitern – wäre es nicht wünschenswert, dass Städte so geplant sind, dass alle Menschen in ihnen ein selbstbestimmtes Leben führen können?

Einige Beobachtungen lassen vermuten, dass der Grad von Inklusion in der Stadt in den vergangenen Jahren in Bezug auf einige Aspekte erhöht worden ist: Veränderte Richtlinien und eine größere Sensibilität gegenüber Themen wie Barrierefreiheit oder -armut, Erreichbarkeit und Zugänglichkeit haben dazu beigetragen. Wenn auch mit einer nur schwer zu ertragenden Langsamkeit, werden nach und nach Aufzüge in die Stationen des öffentlichen Nah- und Fernverkehrs eingebaut, werden Gehwege abgesenkt, öffentliche Gebäude auch in anderer Hinsicht barrierefreier. Hier bleibt noch viel zu tun, aber die eingeschlagene Richtung erscheint mir – einer weißen, körperlich mobilen Frau mit deutschem Pass – grundsätzlich richtig. In eine völlig andere Richtung verlaufen jedoch viele andere Entwicklungen im urbanen Kontext. Sie deuten auf eine rückläufige Entwicklung und resultieren darin, dass ein selbstbestimmtes Leben und Teilhabemöglichkeiten in allen Bereichen des Zusammenlebens eher eingeschränkt werden – nicht nur für Menschen mit Behinderungen, sondern für breite Bevölkerungsschichten.

### Ökonomisierung des öffentlichen Raumes

Mehr und mehr Flächen in der Stadt sind zwar öffentlich zugänglich, gehören aber privaten Eigentümer*innen, die das Hausrecht genießen und Regeln für Nutzung und Verhalten in den Räumen erlassen können. Aufwendig gestaltete corporate public spaces im Umfeld von großen Büroprojekten – öffentliche Räume, die privaten Immobilienunternehmen gehören – zählen etwa in London längst zum Standard von bedeutenden innerstädtischen „Quartieren" wie More London oder Broadgate in London oder der Mercedes Platz in Berlin.[4] Erschließungszonen und „Piazzas" in Einkaufszentren sind oft kaum von den öffentlichen Räumen zu unterscheiden, die öffentliches Eigentum sind – außer darin, dass sie meist besser instandgehalten werden. Für viele Menschen erfüllen diese Orte die Funktionen, die ursprünglich mit öffentlichen Räumen assoziiert sind: Kaffee trinken, Eis essen, sich mit Freunden treffen. In diesen Räumen dominieren zumeist ökonomische Interessen, was sich zum Beispiel darin äußert, dass politische Demonstrationen untersagt sind, denn sie könnten ja das Shoppingerlebnis stören. Sie sind nicht inklusiv, denn sie schließen Menschen aus, die nicht konsumieren möchten oder können, oder die sich nicht an entsprechende konsum-kompatible Verhaltensregeln halten möchten oder können.

### Smart City – eine neue Dimension der Kontrolle

Wachsende Ansprüche an Sicherheit, terroristische Bedrohungsszenarien sowie die Bekämpfung vermeintlicher oder vorhandener Kriminalität wirken sich schon heute stark auf Nutzungsmöglichkeiten im öffentlichen Raum aus. Zunehmende Kameraüberwachung hat bereits vor zwei Jahrzehnten umfangreiche Debatten über die Einführung von polizeistrategischen Kontrollregimen ausgelöst.[5] Eine völlig neue Dimension der Kontrolle ergibt sich durch immer ausgefeiltere Kameratechniken, die Möglichkeit, Bilder oder Videostreams ins Internet zu übertragen und diese Daten mit Software zur

Gesichtserkennung sowie beispielsweise den Profilen der Personen in sozialen Netzwerken zu verknüpfen. Seitdem Kontaktlinsen-Displays und am Kopf getragene Miniaturcomputer keine ferne Science-Fiction-Vision mehr sind, müssen Fragen der Privatsphäre der Menschen ganz neu verhandelt werden. Wenn Nutzer*innen in einer Datenbrille beim Gang über einen öffentlichen Platz per Gesichtserkennung angezeigt wird, wer ihnen entgegenkommt und wie sich die- oder derjenige in seinen Facebook- oder Tinder-Profilen präsentiert, wird die über Jahrhunderte mit der Stadt assoziierte Anonymität komplett infrage gestellt.

Die Verbreitung sogenannter smarter Technologien trägt dazu bei, dass nicht mehr nur Staat oder Kirchen definieren, was als „normales" Verhalten gilt.[6] Die Popularisierung der Überwachungstechnik definiert das Akzeptierte und Akzeptable neu: Es gibt nicht mehr nur den „bösen Überwachungsstaat", sondern jede*r kann deviantes Verhalten melden. Schwarmintelligenz, die bei einigen Themen durchaus sinnvoll sein kann – etwa wenn es um Webseiten zur Meldung von Gefahrenstellen für Radfahrer*innen geht –, kann das Internet in einen Pranger verwandeln und die persönliche Freiheit im öffentlichen Raum deutlich einschränken. Wird der Rückzug ins Private die Konsequenz dieser Entwicklungen sein oder ist eine immer stärkere Selbstdisziplinierung der Menschen ein denkbares Szenario, weil man davon ausgehen muss, jederzeit gefilmt und „ins Netz gestellt" zu werden?

### Die autogerechte Stadt – weniger Inklusion geht nicht

Viele Städte wurden in der zweiten Hälfte des 20. Jahrhunderts durch das (private) Automobil radikal verändert. Gefördert durch die üppigen Subventionen der Nachkriegszeit entstand ein schwieriges städtebauliches Erbe: Gigantische, auf den schnell fließenden Autoverkehr ausgerichtete Hauptverkehrsstraßen und Plätze sowie disperse Siedlungsstrukturen, die einen Großteil ihrer Flächen für Parkplätze und Verkehrsflächen opfern oder einfach „übrig lassen". Fußgänger*innen und Radfahrer*innen, Kinder, Menschen mit Rollstuhl, Rollator, Kinderwagen und mit Einschränkungen der Sinneswahrnehmungen – also große Teile der Bevölkerung – werden von einer Stadt, in der die Mobilität primär auf das Auto ausgerichtet ist, diskriminiert, gefährdet und in ihrer Bewegungsfreiheit eingeschränkt. Eine autogerechte Stadt ist nicht inklusiv.

Angesichts des Klimawandels und der Energiewende wird das Leitbild der autogerechten Stadt zunehmend infrage gestellt; eine Neudefinition der damit verbundenen urbanen Strukturen erscheint dringend geboten. Öffentliche Räume, die einen sicheren und bequemen Fußgänger- und Fahrradverkehr und das barrierearme, schnelle und flexible Wechseln zwischen Fuß-, Rad- und öffentlichem Nahverkehr ermöglichen, können Inklusion und postfossile Mobilität gleichzeitig fördern. Gerade in Hinblick auf den demografischen Wandel und die Inklusion ist eine kompakte Stadt mit fußgängerfreundlichen öffentlichen Räumen eine Möglichkeit, vielen – auch älteren – Menschen ein selbstbestimmtes Leben in einer eigenen Wohnung zu ermöglichen. Für die Abkehr von einem Stadttypus, der von der automobilen Massenmobilität geprägt ist, spielt es eine zentrale Rolle, den öffentlichen Raum so zu gestalten, dass er Mobilität ohne Auto attraktiv macht, dass er die Menschen davon überzeugt, auf das Auto zu verzichten. Gleichzeitig muss das Radverkehrsangebot so gestaltet sein, dass Radfahren nicht mehr nur für „middle aged men in lycra" attraktiv und möglich ist, sondern für alle Bevölkerungsgruppen, auch für Kinder und Ältere, sicher wird.

### Bezahlbares Wohnen – ein wichtiger Faktor für Inklusion

Inklusion nimmt auch ab, wenn Wohnraum in der Stadt immer teurer wird und mehr und mehr Menschen schon allein aus ökonomischen Gründen nicht mehr frei entscheiden können, wo und mit wem sie leben möchten. Steigende Mieten und ein zunehmender Mangel an bezahlbarem Wohnraum sind mittlerweile nicht mehr nur Themen von Geringverdiener*innen oder den Empfänger*innen staatlicher Transferleistungen, sondern haben die Mitte der Gesellschaft erreicht. Die immobilienwirtschaftliche Aufwertung der Innenstadt, der Austausch von sozial gemischten Bevölkerungsgruppen durch Gutverdienende, die Verdrängung sozioökonomisch benachteiligter gesellschaftlicher Gruppen an die gefühlten oder geografischen Ränder der Städte sind drängende Themen der Stadtentwicklung. In preisgünstigen, „übrig bleibenden" Wohnlagen an den schlecht erschlossenen Rändern der Stadt oder in wenig attraktiven Lagen an großen Hauptverkehrsstraßen spitzt sich Ausgrenzung noch mal zu: Oft sind Lärm und Schadstoffemissionen hier hoch und/oder die Erreichbarkeit mit bezahlbaren Verkehrsmitteln ist schlecht, Bildungseinrichtungen gehören häufig nicht zu den besten der Stadt, die Wege zu Arbeitsplätzen, Ärzten und sozialen Einrichtungen sind lang. Ziel einer inklusiven Stadtentwicklungs- und Wohnungspolitik muss es sein, dass die Innenstädte bezahlbar für alle gesellschaftlichen Gruppen bleiben und dass auch in als benachteiligt geltenden Quartieren mit sozioökomischen Herausforderungen durch hervorragende Bildungseinrichtungen eine gute Anbindung an den öffentlichen Nahverkehr sowie attraktive öffentliche Räume gute Bedingungen für Teilhabe und Inklusion geschaffen werden.

### Die inklusive Stadt als Ressource

Eine auch in städtebaulicher Hinsicht inklusive Stadt – flächengerechte, sichere und attraktive öffentliche Räume, eine barrierearme und auf Sicherheit bedachte Mobilitätskultur, bezahlbare Wohnungen in allen Teilen der Stadt – kann viele Synergieeffekte zugunsten einer nachhaltigen Stadtentwicklung entfalten, wie sie auch durch die Sustainable Development Goals gefordert wird. Eine solche Stadt lässt alte und in ihrer Mobilität eingeschränkte Menschen lange unabhängig und im gewohnten Umfeld leben, ist familienfreundlich, fördert die Umsetzung des städtebaulichen Leitbildes „Stadt der kurzen Wege". Ein solcher unbestreitbarer Nutzen und Gewinn wiegt den Mehraufwand und auch die Konflikte, die mit der Transformation verbunden sein werden, langfristig auf. Darum sollten Akteur*innen aus Planung und Politik die Vorteile einer inklusiven Stadt hervorheben, die Synergieeffekte, die sich aus den entsprechenden Ansätzen ergeben, und weniger die Konflikte und den Mehraufwand, die damit verbunden zu sein scheinen.

1  Bertelsmann Stiftung: Ziele für nachhaltige Entwicklung. Verfügbar unter https://sdg-portal.de, 18.10.2019 (letzter Zugriff: 31.03.2020).

2  Bundesministerin für Familie, Senioren, Frauen und Jugend: Inklusion. Verfügbar unter https://www.bmfsfj.de/bmfsfj/inklusion/130308 (letzter Zugriff: 31.03.2020).

3  Bundesministerium für Arbeit und Soziales: Nationaler Aktionsplan 2.0. Verfügbar unter https://www.bmas.de/DE/Schwerpunkte/Inklusion/nationaler-aktionsplan-2-0.html (letzter Zugriff: 31.03.2020).

4  Vgl. Guardian Cities: Revealed: the insidious creep of pseudo-public space in London. Verfügbar unter https://www.theguardian.com/cities/2017/jul/24/revealed-pseudo-public-space-pops-london-investigation-map (letzter Zugriff: 31.03.2020).

5  Vgl. Ronneberger, Klaus et al.: Die Stadt als Beute. Bonn, 1999; Williams, Richard J.: The Anxious City – English urbanism in the late twentieth century. London, New York, 2004.

6  Vgl. Foucault, Michel: Geschichte der Gouvernementalität I – Sicherheit, Territorium, Bevölkerung. Vorlesung am Collège de France 1977/1978, Frankfurt am Main, 2004.

# Inclusive cities: Universal, Index für Inklusion, 4-A Scheme und die Bedeutung von Hochschulen für neue Wissens- und Stadtkulturen

**Lisa Pfahl**

Inclusive cities: Universal Design, Index für Inklusion, 4-A Scheme
und die Bedeutung von Hochschulen für neue Wissens- und Stadtkulturen

### Neue Wissens- und Stadtkulturen?

Als Soziologin und Bildungswissenschaftlerin habe ich als
Ausgangspunkt und Mitbringsel zum Gespräch „Inklusive
Stadt" die zweite gedruckte Ausgabe des „Crip Magazine"
mit dem Thementitel „Crip Art Resources" mitgebracht. Das
Heft gefällt mir, weil es kreativ und kritisch Fragen von Behinderung aufgreift und Antworten aus der Perspektive der
Disability Culture gibt. Beim Lesen schafft es einen ästhetischen Zugang zum Thema und gibt Einblicke in den Alltag mit
Behinderung und Formen des Widerstands. Es kreiert über
Bildmaterialien und Werbetexte eine Zeitschriftenästhetik, in
der neue Selbstverständlichkeiten entstehen. Auf der Home-
page des Magazins schreibt die Herausgeberin Eva Egermann: „Das Crip Magazine setzt den allgegenwärtigen Me-
dienbildern von Opfern vs. Helden, der helfenden Hand und
‚Licht ins Dunkel' visuellen Aktivismus und Crip-Materialien
entgegen".[1] Damit versammelt es Wissen über Behinderung
als soziales Phänomen, das in der Wissenschaft erst entsteht.
Das „Crip Magazine" ist Teil einer veränderten, inklusiven
Stadt- und Popkultur, die es in Zukunft zu befördern gilt.

### Disability Studies und menschenrechtliche Grundlagen von (städtischer) Inklusion

Ausgehend von folgenden Fragen möchte ich mich in meinem
Beitrag vor allem mit Aspekten des Zugangs zu und der Zugänglichkeit von Bildung, Sozialem und Verwaltung beschäftigen, die es Städten ermöglichen, inklusiv zu werden: Ist die
Stadt heute eine Inklusionsmaschine? Unterstützt sie beim
Inklusionsvorhaben? Welche Mittel werden ergriffen, um
die Teilhabe an der Entstehung und Veränderung der Stadt
zu sichern? Gibt es Bereiche, in denen Inklusion praktiziert
wird oder werden könnte, die für die Stadt wichtiger sind als
bisher erkannt? Die Zugänglichkeit von Bildung, Sozialem
und Verwaltung schafft, zusammen mit der zu den Bereichen
Wohnen, Verkehr, Arbeit und Gewerbe, Nachbarschaft und
Freizeit, wichtige Möglichkeiten zur Partizipation an Stadt
und Stadtkultur.

    Aus der Perspektive der akademischen Bildung können
Hochschulen hier eine besondere Aufgabe übernehmen,
auch wenn sie sich durch starke, über die schulische Bildung
vermittelte, herkunftsbedingte Ausschlussprozesse auszeichnen. Hochschulen sind aufgrund ihrer Bildungs-, Forschungs-
und Vermittlungsaufgabe meines Erachtens ein geeigneter
Ort, um gesellschaftspolitische Entwicklungen anzustoßen,

und bislang die einzige Bildungsinstitution, die zugangsberechtigte Personen nicht behinderungsbedingt ausschließt. Damit weisen sie in bestimmter Hinsicht eine heterogene Adressatenschaft auf, von der Ideen und Initiativen für gesellschaftliche Teilhabe im Sinne sozialer Inklusion ausgehen. Ein aktuelles Beispiel ist die Etablierung von Disability Studies an Hochschulen.

Die Disability Studies sind ein multidisziplinäres Lehr- und Forschungsgebiet, das auf der Grundlage einer Sicht von Behinderung als soziale Konstruktion die Prozesse untersucht, die zum gesellschaftlichen Ausschluss – eben zur Behinderung – führen. „Dabei geht es einerseits um die Entstehung von Zuschreibungen wie behindert, krank, normal, schön usw. insbesondere auch im Hinblick auf die Frage, wie der Wandel von ‚Normalität' und die Entstehung von Differenzkategorien zusammenhängen. Andererseits ist es weltweit ein zentrales Anliegen der Disability Studies, die Lebensrealitäten und Erfahrungen von behinderten Menschen zu erfassen – also zu verstehen, wie Menschen ‚behindert werden' und was dagegen getan werden kann."[2]

Im Kontext der 2006 von den Vereinten Nationen verabschiedeten Konvention über die Rechte der Menschen mit Behinderungen und der dazugehörigen nationalen Aktionspläne werden Fragen der Exklusion und Inklusion von Bürger*innen weltweit vermehrt öffentlich diskutiert. In Bezug auf Städte wird Inklusion dabei häufig ausschließlich auf Fragen der baulichen Barrierefreiheit und der Mobilität begrenzt – oder diese werden sehr stark in den Mittelpunkt gestellt. Mit Blick auf die Bedürfnislagen von unterschiedlichen Bevölkerungsgruppen stellen die Mobilität und der Zugang zu Gebäuden und Infrastrukturen sicherlich wichtige Ansatzpunkte dar, jedoch bleiben die dringlichen Fragen nach ihrer allgemeinen Zugänglichkeit – welche die alltägliche Teilhabe an Arbeit, Bildung, Familienleben, Freizeit voraussetzt – oft unbeantwortet.

### Barrierefreiheit – eine Frage des Zugangs und der Zugänglichkeit von Umwelten

In den Disability Studies wird der barrierefreie Zugang weiter gefasst, als bauliche Infrastrukturen greifen. Das auf Grundlage der Menschenrechte entwickelte Konzept von Barrierefreiheit ist eine Maßnahme gegen Diskriminierung und zielt auf einen umfassenden Abbau von Barrieren für gesellschaftliche Teilhabe.[3] Um Zugang und Zugänglichkeit, das heißt, Barrierefreiheit in der Kommunikation, Information, Orientierung und Möglichkeit der Partizipation aller, umfassend zu verstehen, sind verschiedene Instrumente hilfreich: das im UN-Kontext für Institutionen und Verwaltungen entwickelte 4-A Scheme[4] zur Überprüfung von Barrierefreiheit von Institutionen; der in verschiedenen Ausführungen (Bildung, Kommunen, Hochschulen) vorliegende „Index for Inclusion" für

öffentliche Verwaltungen; sowie das internationale Design-
konzept des Universal Designs für die Herstellung barrierefreier Umwelten.

Das **4-A Scheme** beschreibt, wie Institutionen nicht nur
den baulichen Zugang, sondern ihre gesamte Zugänglichkeit
verbessern können. Öffentliche Institutionen sollen Verfügbarkeit (availability), Zugang (access) sowie Annehmbarkeit
(acceptability) als auch Adaptierbarkeit (adaptability) ihrer
Leistungen bereit- bzw. sicherstellen. Im Bildungsbereich
gilt zum Beispiel, dass „Schulen in ausreichendem Maße zur
Verfügung stehen und funktionsfähig sein sollen"[5], um Verfügbarkeit (availability) von Bildung zu gewährleisten. „Die
Forderung des diskriminierungsfreien Zugangs (access) zu
Bildung schließt mehrere Faktoren mit ein. Keinem Menschen
darf der Zugang zu Bildung rechtlich und faktisch verwehrt
werden. Insbesondere für die schwächsten Gruppen muss
Bildung frei zugänglich sein. Dies impliziert sowohl die
wirtschaftliche Zugänglichkeit, d. h., Bildung muss für alle
erschwinglich sein, als auch den physischen Zugang, d. h.,
Bildung soll in sicherer Reichweite stattfinden (...)"[6]. Die
Annehmbarkeit (acceptability) von Bildungsinstitutionen zielt
hingegen auf ihre inhaltliche Ausgestaltung: Bildungsinstitutionen sollen hochwertige und relevante Bildungsangebote
bereitstellen. Die Adaptierbarkeit (adaptability) der Bildung
steht dabei in einem engen Zusammenhang mit ihrer Annehmbarkeit: „Sie muss sich an die Erfordernisse sich verän-
dernder Gesellschaften und Gemeinwesen anpassen. Wenn
sich die Lebenslagen von Kindern und Jugendlichen ändern,
dann muss sich das Bildungssystem darauf einstellen"[7].
Um Diskriminierungen in öffentlichen Institutionen wie der
Bildung entgegenzuwirken, sollten die vier Strukturelemente
(availability, access, accountability und adapatbility) zusammenwirken,[8] um Barrierefreiheit im Sinne eines gleichberechtigten Zugangs zu und umfassender Zugänglichkeit von
städtischen Bildungs- und Verwaltungsinstitutionen herzustellen. Das **4-A Scheme** wird deshalb unter anderem dazu genutzt, Aktionspläne von Bildungseinrichtungen zu entwickeln
und umzusetzen.

Der von den britischen Kollegen Tony Booth und Mel
Ainscow für Bildungsinstitutionen entwickelte **Index für
Inklusion** (Index for Inclusion) wird bereits vielfach genutzt
und weiterentwickelt. Es existieren Fassungen zur Hochschul-
bildung und frühen Bildung sowie ein Kommunaler Index für
Inklusion. Insbesondere Letzterer soll hier kurz beschrieben
werden, da er sich für städtische Inklusionsvorhaben anbietet.
Der Kommunale Index für Inklusion stellt einen Fragenkatalog
zur Verfügung, mithilfe dessen Städte und Kommunen über-
prüfen können, in welchen Bereichen sie eine Adressierung
aller Bürger*innen, inklusive der Bereitstellung ihrer Dienstleistungen für alle, erlangen. Die von der Montags-Stiftung
(Bonn)[9] zusammengestellten Fragen zur Selbstevaluation von
kommunalen Verwaltungseinrichtungen decken – wie auch

der ursprüngliche Index – die Bereiche Kultur, Struktur und Praxis der öffentlichen Institution ab. Mit Fragen wie „Geht aus dem Informationsmaterial der Organisation/Einrichtung deutlich hervor, dass die angebotenen Leistungen selbstverständlich allen sozialen und kulturellen Gruppen zur Verfügung stehen?" oder „Sind Mitarbeiterinnen und Mitarbeiter es gewohnt, mit Menschen anderer Herkunft, Nationalität, sexueller Orientierung bzw. Personen mit körperlicher oder anderer Beeinträchtigung etc. zusammenzuarbeiten?" werden Informationen über die Ex- bzw. Inklusivität der Institution gesammelt und Mitarbeiter*innen dafür sensibilisiert.

In den vergangenen Jahren wurden in Deutschland wie in ganz Europa einzelne Projekte zur Umgestaltung von städtischen Infrastrukturen zugunsten von mehr Teilhabemöglichkeiten gestartet. Unter dem Namen **Inclusive Cities** haben sich beispielsweise Städte wie Almere (NL) oder Regionen wie der Landkreis Verden (D) über Jahre hinweg in einen partizipatorischen Prozess begeben, um inklusive Zentren der Vernetzung, Mitbestimmung und des Austauschs von Bürger*innen mit unterschiedlichen Zugehörigkeiten zu schaffen. In Almere wurde zum Beispiel ein städtischer Bürgerbeirat gegründet, in dem behinderte und nicht behinderte Menschen die Stadt beraten und zu Entwicklungen und Gesetzesvorhaben Stellung nehmen.[10] Die Projekte zur inklusiven Stadtentwicklung begannen in den späten 2000er Jahren und begleiteten zunächst die Verabschiedung und nun die Umsetzung der UN-Behindertenrechtskonvention.[11] Sie finden in Kooperation mit transkulturellen und transmigrantischen Ansätzen und Akteur*innen statt. Auch in den USA existieren vergleichbare Projekte; eines davon ist „Collaborative for inclusive Urbanism", das 2012 von der University of Oregon (Eugene, USA) ins Leben gerufen wurde. Das Projekt unterstützt Städte durch angewandte Forschung und Beratung darin, marginalisierte Aktivitäten und Lebensweisen ins Zentrum des Stadtgeschehens zu bringen und ihre Verbindungen mit anerkannten Aktivitäten und Lebensweisen zu fördern. In Anbetracht der Problemlagen mancher, durch ökonomische Ungleichheit „abgehängter", US-amerikanischer Städte zielt dieses Projekt darauf, die Stadt als öffentlichen Raum und die vorhandenen Infrastrukturen breiter zu teilen und (wieder) zu beleben. Das gut dokumentierte Projekt will alle ansprechen: arme und reiche Bevölkerungen, unterschiedliche Ethnizitäten, Kinder und Erwachsene, Menschen mit verschiedenen Behinderungen und Fähigkeiten, neu Zugezogene, Besucher*innen und junge Familien ebenso wie Unternehmen, Künstler*innen sowie Arbeitgeber*innen in Produktion, Dienstleistungsbereich und der Technologieentwicklung.[12] Neben vielfältigen Projekten bestehen auch ältere Konzepte für umfassende Zugänglichkeit der Umwelt, die es (wieder) zu entdecken gilt. Dazu gehört das Universal Design.

Die bereits in den 1980er Jahren entwickelten Prinzipien des **Universal Design** (Universelles Design) sollen möglichst vielen Menschen die Nutzung von Geräten, Umgebungen und Systemen ermöglichen, ohne dass sie individuelle Anpassungen an den Produkten vornehmen müssen, damit diese barrierefrei sind. Auch sollen Menschen, die technische Hilfsmittel nutzen, in der Lage sein, die nach den Prinzipien des Universellen Design entwickelten Produkte möglichst selbstbestimmt zu nutzen. Das von Ronald L. Mace gegründete Centre of Universal Design ist am College of Design an der North Carolina State University (USA) angesiedelt und fördert seit Jahrzehnten die Idee des Universellen Designs.[13] Aus seiner Erfahrung mit einer körperlichen Behinderung und als Advokat des Rechts auf barrierefreie Umwelten für die Teilhabe behinderter Menschen in allen Bereichen des sozialen und gesellschaftlichen Lebens formulierte Mace sieben Prinzipien bzw. Standards des Universellen Designs, die Produkte und Umgebungen auszeichnen sollten:

1. Breite Nutzbarkeit: Das Design ist für Menschen mit unterschiedlichen Fähigkeiten nutzbar. 2. Flexibilität in der Nutzung: Das Design unterstützt eine breite Palette individueller Vorlieben und Möglichkeiten. 3. Einfache und intuitive Nutzung: Die Benutzung des Designs ist möglichst unabhängig von der Erfahrung, dem Wissen, den Sprachfähigkeiten oder der momentanen Konzentration des Nutzenden gut möglich. 4. Sensorisch wahrnehmbare Informationen: Das Design stellt den Benutzer*innen notwendige Informationen effektiv zur Verfügung, unabhängig von ihrer Umgebungssituation oder ihren sensorischen Fähigkeiten. 5. Fehlertoleranz: Das Design minimiert Risiken und die negativen Konsequenzen von zufälligen oder unbeabsichtigten Aktionen. 6. Niedriger körperlicher Aufwand: Das Design kann effizient und komfortabel mit einem Minimum an Ermüdung benutzt werden. 7. Größe und Platz für Zugang und Benutzung: angemessene Größe und Platz für den Zugang, die Erreichbarkeit, die Manipulation und die Benutzung, unabhängig von der Größe der Benutzer*innen, ihrer Haltung oder Beweglichkeit.[14] Praktische Beispiele sind höhenverstellbare Tische und Stühle oder vielfältig einsetzbare Lernmaterialien und Informationsbroschüren in unterschiedlichen Schriftgrößen und Sprachen. Mit den neuen E-Access Standards für Barrierefreiheit der EU wurden in Deutschland kürzlich insbesondere im Bereich der Kommunikationstechnologie Fortschritte im Universal Design erzielt. In anderen Bereichen stehen Universal Designs noch aus.[15]

### Inclusive Cities – ein Ausblick

Wie eingangs bereits bemerkt, tragen Hochschulen eine besondere Verantwortung bei der Vermittlung und Realisierung von (Wissen über) soziale Inklusion. Sie gehören global betrachtet zu den ältesten und erfolgreichsten Institutionen der Städte. Inklusion an Hochschulen bleibt jedoch ein flüchtiges Versprechen, wenn sie nicht selbst beginnen, den menschenrechtlich garantierten Anspruch auf Barriere- und Diskriminierungsfreiheit für Menschen mit Behinderungen zu gewährleisten. Dies betrifft sowohl den Zugang zu Hochschulen als auch ihre Zugänglichkeit. Solange Studierende mit Behinderungen auf zahlreiche Barrieren stoßen und Diskriminierungen ausgesetzt sind, können sie ihre Interessen und ihr Wissen nicht in die Akademie tragen. Für Hochschulen – als Teil von Stadtkultur – gilt es in doppelter Weise, einen inklusiven Prozess zu bewältigen: Sie sollten bestrebt sein, ein universelles Design zu implementieren und ihre Gebäude, Einrichtungen und Abläufe möglichst für alle zugänglich zu gestalten. Zugleich geht es darum, akademisches Wissen (auch über Behinderung) zu verändern und zugänglich zu halten. Barrierefreiheit, das heißt sowohl den Zugang als auch die Zugänglichkeit, zu fördern bedeutet, eine Vielzahl an Strukturen, Kulturen und Praktiken zu verändern, die Hochschulen bislang zu einer Bildungsinstitution machen, die regelmäßig Menschen mit „normalen" Fähigkeiten fördert und hervorbringt, anstatt auf diverse Interessen und Bedürfnisse einzugehen.

Eine umfassende soziale und politische Hinwendung zu Behinderung als allgegenwärtigem Bestandteil menschlichen Lebens und gesellschaftlicher (Un-)Ordnungen ist notwendig, um Städte und ihre Bildungs- sowie Verwaltungseinrichtungen inklusiv(er) zu gestalten. Das multidisziplinäre Forschungsfeld der Disability Studies kann dazu einen Beitrag leisten. Dies gelingt durch den Einbezug von Menschen mit Behinderung in akademische Lehre und Forschung und ihre Partizipation daran, um Inklusion mitten in der Stadt umzusetzen – denn nicht zuletzt wachsen Stadtkulturen mit der Verschiedenheit von Hochschulangehörigen.

1   Verfügbar unter http://
cripmagazine.evaegermann.
com/ (letzter Zugriff:
17.03.2020).

2   Pfahl, Lisa; Köbsell,
Swantje: Was sind eigentlich
Disability Studies? In:
Forschung und Lehre 7/2014,
S. 554–555.

3   United Nations (Hg.):
Convention of the Rights
of People with Disabilities.
New York, 2006.

4   Motakef, Mona: Das
Menschenrecht auf Bildung
und der Schutz vor Diskriminierung Exklusionsrisiken
und Inklusionschancen.
Hrsg. v. Deutsches Institut
für Menschenrechte. Berlin,
2006.

5   Ebd., S. 16.

6   Ebd.

7   Ebd.

8   Deutsches Institut für
Menschenrechte (DIM) (Hg.):
Die „General Comments"
zu den VN- Menschenrechts-
verträgen. Baden-Baden,
2005.

9   Montag Stiftung Jugend
und Gesellschaft (Hg.):
Kommunaler Index für
Inklusion. Bonn (ohne Jahr).

10   Siehe Disability Studies
in Netherlands. Verfügbar
unter https://disabilitystu-
dies.nl/project/inclusieve-
stad-almere (letzter Zugriff:
27.03.2020)

11   United Nations (Hg.):
Convention of the Rights
of People with Disabilities.
New York, 2006.

12   Vgl. Collaborative
for Inclusive Urbanism.
Verfügbar unter www.
inclusiveurbanism.org
(letzter Zugriff: 27.03.2020).

13   Mace, Ronald L.: About
Universal Design. Center
on Universal Design, North
Carolina State University,
1997. Verfügbar unter
https://projects.ncsu.edu/
ncsu/design/cud/about_ud/
udprinciples.htm (letzter
Zugriff: 27.03.2020).

14   Mace, Ronald L.:
Principles of Universal
Design. Verfügbar unter
https://projects.ncsu.edu/
ncsu/design/cud/about_ud/
udprinciples.htm (letzter
Zugriff: 27.03.2020).

15   Powell, Justin, J.W.;
Pfahl, Lisa: Dis/ability in the
Universal Design University.
In: S. K. Geertz, B. Huang
and L. Cyr (Hg.): Diversity
& Inclusion in Higher
Education: International
& Interdisciplinary
Approaches. Basingstoke,
2018, S. 157–188.

# Inklusions-maschine Stadt?

# 3 Thesen pro, 3 Thesen kontra

**PRO**
**These 1: DIVERSITÄT + TOLERANZ**
**Stadt ist eine Inklusionsmaschine, denn das nur mit einem gewissen**
**Maß an Distanz und Gelassenheit erträgliche urbane Tempo**
**verbietet allzu viel kritische Aufmerksamkeit für die Besonderheiten**
**der Einzelnen. Das reduziert Aggressions- und Konfliktpotenziale.**
**Vor allem für große Städte gilt: Anders ist das neue Normal.**

Die Vielfalt und Unübersichtlichkeit städtischer Kulturen und
Lebensformen erleichtert auch denen, die in irgendeiner
Hinsicht vom Durchschnitt abweichen, unauffällig im Strom
mitzuschwimmen. In der geschlossenen Gesellschaft eines
Dorfes fallen kulturelle, physische und mentale Unterschiede
stärker ins Gewicht. Wer anders ist, fällt dort schneller aus
dem akzeptierten Rahmen. Zu allen Zeiten haben Menschen,
die Freiheit, Anerkennung oder Wohlstand suchten, die Stadt
als Chance genutzt. Ob Entfaltung besonderer Fähigkeiten
oder Untertauchen in der Masse: Die Stadt macht beides
leichter, anonym und ohne Hypothek durch Geschlecht, sexu-
elle Identität, Herkunft, Religion und Behinderung.[1]

**Wenn wir auf München schauen ...**
... sehen wir eine sehr vielfältige und offene Stadt, in der ganz
unterschiedliche Menschen friedlich nebeneinander (und
bisweilen auch zusammen) leben können. Das Münchner
Stadtentwicklungskonzept Perspektive München postuliert
in der strategischen Leitlinie „Weitsichtige und kooperative
Steuerung": „Im Sinne der Inklusion erhält jeder Mensch
von Anfang an – ob mit oder ohne Behinderung – die Möglichkeit zur uneingeschränkten Teilhabe in allen Belangen der
Gesellschaft"[2]. Laut der Studie „Arbeits- und Lebenssituation von Menschen mit Behinderungen in der Landeshauptstadt München" haben 80 Prozent der Befragten mit Schwerbehinderung in unmittelbarer Nachbarschaft und 67 Prozent
in München allgemein das Gefühl, voll und ganz oder eher
gesellschaftlich akzeptiert zu werden.[3]

**These 2: MIGRATION + URBANISIERUNG**
**Stadt ist eine Inklusionsmaschine, denn der weltweite Trend zur**
**Urbanisierung und Verdichtung verbessert kulturelle, räumliche**
**und wirtschaftliche Voraussetzungen für die Teilhabe unterschied-**
**licher Menschen mit verschiedenen Lebensentwürfen. Statt famili-**
**ärer oder klassen- bzw. gruppenbezogener Abhängigkeit werden**
**soziale, kulturelle und räumliche Mobilität und damit mehr Hand-**
**lungsautonomie ermöglicht.**

Der Zuzug in die Städte und der steigende Anteil städtischer Bevölkerung weltweit führen nicht nur zu höherer baulicher Dichte und größerer soziokultureller Diversität, sondern auch zu mehr Zugangsmöglichkeiten zu Bildung, Arbeit und zur Verwirklichung eigener, nicht dem Mainstream entsprechender Lebensstile. „Arrival Cities", wie ich sie in Anlehnung an das Buch „Arrival City: How the largest Migration in History is Reshaping Our World" des Journalisten Doug Saunders nennen will,[4] eröffnen neue Chancen für Innovation und Inklusion. Wer in eine Stadt zieht, sucht Möglichkeiten und Veränderungschancen, nicht Stabilität und Wiederholung. Neugier für Neues und Anderes kennzeichnet Städter*innen. Davon profitieren auch Menschen mit besonderen Voraussetzungen und Bedürfnissen. Mobilität und Handlungsfreiheit sind nirgendwo so groß wie in Städten.

Weil die Stadtgesellschaft bunter und vielfältiger wird und der Stadtraum intensiver genutzt wird, entwickeln sich mehr Toleranz und Erfindungsgeist im Umgang mit knappem Raum und anderen Restriktionen des Zusammenlebens. Das erzeugt für Städtebau und Architektur neue Möglichkeiten hybrider Nutzung und Bauformen. In einer vielfältigeren Nutzungsmischung rücken Arbeiten, Wohnen, Freizeit und Versorgung räumlich zusammen und überlagern sich auch zeitlich immer stärker. Der im Alltag erlebte Sozialraum gewinnt für die Inklusion an Bedeutung gegenüber administrativen, organisatorischen oder räumlichen Zuständigkeitsgrenzen. Inklusion durch Nutzungsmischung und urbane Dichte zu ermöglichen oder sogar anzustoßen, ist der Traum aller Architekt*innen und Urbanist*innen.

### Wenn wir auf München schauen ...

... sehen wir eine zunehmend internationale Stadt. 27,2 Prozent der Münchner*innen hatten 2017 einen ausländischen Pass aus 184 Staaten der Welt, zu drei Vierteln aus Europa. Dazu kommen 15,5 Prozent der Bevölkerung mit Migrationshintergrund. „Münchens Wanderungsverflechtungen sind sehr international. Im Jahr 2017 bestand ein Wanderungsaustausch mit insgesamt 170 Ländern. […] Im Jahr 2017 wurden 53.012 Zuzüge aus dem Ausland nach München registriert. […] Von den 53.012 Zuzügen aus dem Ausland kamen 66,7 % (35.382) aus europäischen Nationen und davon 26.124 aus Ländern der EU-28 und 9.258 aus europäischen Ländern außerhalb der EU-28. 17.630 oder 33,3 % der Zuzüge aus dem Ausland stammten aus Ländern außerhalb Europas: 18,7 % aus Asien, 8,0 % aus Amerika oder Australien und 6,6 % aus Afrika."[5] Die internationale Migration schafft ständig neue Chancen zu Begegnungen und zur Veränderung sozialer Konstellationen mit einer großen Wahlfreiheit.

Beispiele für inklusive Quartiere unter den Bedingungen der Urbanisierung sind in München zum Beispiel das Projekt „Freiham – ein inklusiver Stadtteil"[6], das Kreativquartier an der Dachauer Straße[7] und das Werksviertel am Ostbahnhof[8].

Mit politisch beschlossenen Zielen und Handlungsprogrammen hat München sich auf den Weg gemacht, die Infrastruktur für eine gelingende Inklusion zu schaffen. Diesem Ziel wird eine hohe Priorität eingeräumt und die Verwaltung bemüht sich, die dafür notwendige Infrastruktur nicht top-down umzusetzen, sondern die Betroffenen über ihre besonderen Bedürfnisse zu Wort kommen und mitentscheiden zu lassen. Die Perspektive München enthält dazu in der strategischen Leitlinie „Solidarische und engagierte Stadtgesellschaft" die Zielaussage: „München erkennt die Potenziale einer wachsenden und vielfältiger werdenden Stadtgesellschaft an. Die Stadt stärkt die wechselseitige Verantwortung und den Zusammenhalt innerhalb der Gesellschaft. […] München fördert die Teilhabe, die Chancengleichheit und den Abbau von Diskriminierung aller in München lebenden Menschen, unabhängig von Alter, Geschlecht, kultureller und sozialer Herkunft, Behinderung, sexueller Identität, Weltanschauung und Religion."[9] Im Jahr 2014 wurde vom Stadtrat der 1. Aktionsplan zur Umsetzung der UN-Behindertenrechtskonvention verabschiedet.[10] Er enthält konkrete Maßnahmen und Projekte in elf Handlungsfeldern.

> **These 3: INFRASTRUKTUR + DIGITALISIERUNG**
> Stadt ist eine Inklusionsmaschine, denn sie bietet die soziale und technische Infrastruktur für ein sicheres und gutes Leben für alle Menschen, unabhängig von Herkunft, Geschlecht oder Behinderung. Auch für die, die sich selbst nicht der Mehrheitsgesellschaft zugehörig fühlen, bietet die Stadt vielfältige Orte und Netzwerke. Die digitale Transformation durchdringt immer mehr den Alltag in der Stadt. Digitale Medien können Zugangsbarrieren zu Informationen und Dienstleistungen vermindern, wenn sie selbst barrierefrei für alle sind. Die Stadt wird bestenfalls zur überall präsenten „virtuellen Inklusionsmaschine".

Leicht zugängliche Busse und Bahnen, barrierefreie Wege, Beratungsstellen und Selbsthilfegruppen sowie vielfältige soziale, medizinische und kulturelle Angebote für Menschen mit besonderen Voraussetzungen und Bedürfnissen gibt es nur in Städten. Auf dem Land mit seiner geringen Dichte und sozialen Vielfalt erschweren lange Wege, seltene Angebote des öffentlichen Verkehrs und schüttere soziale Netzwerke für Minderheiten ein entspanntes und zugleich mobiles (Zusammen-)Leben. Regelwerke wie die UN-Behindertenrechtskonvention zwingen die Stadtverwaltung dazu, die Infrastruktur für Inklusion weiterzuentwickeln.

Mit dem mobilen und in den Städten immer schnelleren Internet werden allen Menschen maßgeschneiderte optische und/oder akustische Informationen vermittelt, die den Alltag in der Stadt auch bei zunehmender Beschleunigung und beim Wegfall menschlicher Dienstleistungen gewährleisten. Per App des Münchner Tarif- und Verkehrsverbundes (MVV) kann die Abfahrt des für Mobilitätseingeschränkte leicht zugänglichen Tram- oder Busfahrzeugs eruiert und der ausgefallene (oder fehlende) Lift am U- oder S-Bahnhof vor Reiseantritt erkannt werden. Neue Quartiers-Apps helfen, Kontakte zu knüpfen, und Gemeinschaftsräume oder E-Bikes, Lastenfahrräder, E-Autos oder andere Sharing-Angebote zu buchen. Autonome Fahrzeuge werden in wenigen Jahren individuelle urbane Mobilität von Mindestanforderungen körperlicher und geistiger Fitness entkoppeln. Autonom können alle am Straßenverkehr partizipieren und damit neue Freiheitsgrade der Lebensgestaltung gewinnen. Der öffentliche Raum wird unter dem Vorzeichen einer urbanen Verkehrswende vom Verkehrsraum zum Lebens- und Kommunikationsraum. Ohne Bezahlschranke und bauliche Schwellen befördert er Inklusion fast wie von selbst.

### Wenn wir auf München schauen …

… sehen wir eine Stadt, in der niemand in seiner Wohnung, in seinem Stadtviertel „gefangen" sein sollte. Ende 2019 werden von 150 S-Bahnhöfen im Gebiet des Münchner Tarif- und Verkehrsverbundes (MVV) 119, also knapp 80 Prozent, komplett oder eingeschränkt barrierefrei zugänglich sein. Die U-Bahnhöfe in München sind heute schon zu 100 Prozent barrierefrei. Ein Blick in die oben zitierte Studie „Arbeits- und Lebenssituation von Menschen mit Behinderungen in der Landeshauptstadt München" zeigt allerdings, dass in der Praxis nur 26,3 Prozent keinerlei Probleme mit der Mobilität im öffentlichen Raum haben.[11] Bei den neuen Stadtquartieren Domagkpark[12] und Prinz-Eugen-Park[13] wurde Inklusion von vornherein auf die Agenda geschrieben und beim Wohnungsangebot, bei der Gestaltung der öffentlichen Räume und im Alltag der Stadtquartiere auch durch die Angebote der Quartiersgenossenschaften[14] weitgehend umgesetzt.

**KONTRA**
**These 1: ARBEITSLOSIGKEIT + WOHNUNGSNOT**
**Stadt ist keine Inklusionsmaschine, denn Arbeitslosigkeit, wachsende Einkommens- und Vermögensunterschiede, Bodenspekulation und fehlende bezahlbare Wohnungen errichten Teilhabeschranken.**

Klassen- oder Schichtzugehörigkeit, wirtschaftliche Lage und sozialer Status waren schon immer Differenzierungsmerkmale einer Stadtgesellschaft. Sie bestimmten über das Stadtviertel, in dem man lebte, und über die Chancen zur Teilhabe am sozialen und kulturellen Leben. Menschen mit Migrationsgeschichte oder Behinderungen verfügen auch heute häufig nur über ein geringes oder unterdurchschnittliches Einkommen. Die Arbeitslosenquote in diesen Gruppen ist hingegen überdurchschnittlich.

In wachsenden Großstädten ist das Wohnen vor allem in den letzten 10 Jahren immer teurer geworden, sodass Menschen mit unterdurchschnittlichem Einkommen immer häufiger 50 und mehr Prozent ihres Einkommens für das

Wohnen ausgeben müssen. Seit Boden und Immobilien zur Kapitalanlage geworden sind und das Defizit an bezahlbaren Wohnungen auch für Durchschnittsverdiener*innen wächst, steigen Armutsrisiko und Segregation in vielen Städten. Miet-erhöhungen, Umlage von Modernisierungskosten und die Umwandlung von Miet- in Eigentumswohnungen verdrängen weniger zahlungskräftige Haushalte. Der soziale Frieden in der Stadt gerät in Gefahr, wenn viele Menschen nicht mehr in der Stadt leben können; viele entweder gezwungen sind, von Transfereinkommen zu leben, oder mit ihrer (zu gering bezahlten Arbeit) dazu beitragen, dass die anderen den Alltag in der Stadt besser bewältigen können. „Der entfesselte Bodenmarkt entfaltet eine zersetzende Wirkung auf den sozialen Zusammenhalt der Stadtgesellschaft. Ganze Stadtteile […] unterliegen der ‚Aufwertung', die Verdrängungsprozesse der angestammten Wohnbevölkerung und des kleinteiligen Gewerbes zur Folge haben. Die sozialen Folgekosten werden auf die Allgemeinheit abgewälzt. […] Angesichts des Wachstums der Städte mit all seinen Facetten und Herausforderungen wird die Bodenpolitik zum Dreh- und Angelpunkt einer sozial gerechten und nachhaltigen Stadtentwicklung."[15] Inklusion wird vielfach durch ökonomisch bedingte Segregation konterkariert oder unmöglich gemacht. Die Inklusionsmaschine Stadt wird dadurch mehr und mehr ausgebremst.

### Wenn wir auf München schauen …

… sehen wir eine Stadt, in der immer mehr Menschen keine bezahlbare Wohnung finden. Bürger*innen mit Migrationsgeschichte, höherem Alter und/oder Behinderung sind davon aufgrund ihrer Einkommenssituation oder spezifischer Anforderungen an die Wohnung besonders betroffen. Dank der Studie „Arbeits- und Lebenssituation von Menschen mit Behinderungen in der Landeshauptstadt München" wissen wir, dass 32,1 Prozent der Haushalte von Menschen mit Schwerbehinderung zu den armen Haushalten gehören, also über ein Einkommen von weniger als 60 Prozent des jeweiligen äquivalenzgewichteten Durchschnitts verfügen, was bei 1-Personen-Haushalten weniger als 1000 Euro netto bedeutet. In der Gesamtbevölkerung sind es nur 14,6 Prozent. Kommt eine ausländische Staatsbürgerschaft hinzu, steigt der Anteil armer Haushalte auf 63,9 Prozent.[16] Die Bedarfsgerechtigkeit der aktuellen Wohnung hinsichtlich Barrierefreiheit beurteilen zwei Drittel der Befragten mit entsprechendem Bedarf mit „überhaupt nicht" oder „nur teilweise". Als Grund dafür geben 38,1 Prozent dieser Befragten „zu hohe Kosten" an.[17]

### These 2: ROLL BACK + SINGULARISIERUNG
Stadt ist keine Inklusionsmaschine, denn durch den europaweiten Rechtsruck des politischen Spektrums und den Erfolg populistischer Parteien wird die verbale und faktische Ausgrenzung von vermeintlich „Fremdem" oder „Anderen" (wieder) gesellschaftsfähig. Neben

**dieser zunehmend offenen Ausgrenzung wirken sich subtilere Mechanismen der Ökonomisierung und Singularisierung negativ auf die Inklusionsleistung der Stadt aus.**

Offenheit und Inklusionsfähigkeit der städtischen Gesellschaft können rasch erodieren, wenn sie von der Zivilgesellschaft nicht aktiv verteidigt werden. Ausgrenzung und Abwertung von Menschen durch Reduzierung auf eine reale oder vermeintliche Gruppenzugehörigkeit können die Vorstufe zu Gewalt sein. Unsichtbare Exklusion gedeiht trotz nach außen getragener Offenheit und Toleranz, wo immer größere Teile der Gesellschaft der Logik des unternehmerischen Selbst folgen. Zeit und Aufmerksamkeit werden zunehmend in nützliche Kontakte statt in menschliche Zuwendung investiert. In Städten und ihren virtuellen Abbildern in den sozialen Medien entstehen im Zuge einer kulturell überhöhten sozialen Differenzierung Szenen und Lebensstilgruppen mit mehr oder weniger expliziten Ausgrenzungsstrategien. Möglichkeiten zur Teilhabe werden dadurch abgeblockt oder fragmentiert, ohne dass dies offen kommuniziert wird.

### Wenn wir auf München schauen ...

... sehen wir eine Stadt, in der beeindruckende Willkommensgesten für Geflüchtete und große Anstrengungen von Behörden und Ehrenamtlichen zu ihrer menschenwürdigen Unterbringung und Versorgung neben wachsender Ablehnung gegen Zuwanderung, Wachstum der Stadt und Veränderung der vertrauten Lebensumwelt stehen. Verglichen mit anderen Städten in Deutschland ist die Zahl offener Übergriffe auf marginalisierte Gruppen aber (noch) gering. Die Landeshauptstadt München hat 2008 die Fachstelle „Für Demokratie – gegen Rechtsextremismus, Rassismus und Menschenfeindlichkeit" eingerichtet. Die Fachstelle koordiniert das städtische Verwaltungshandeln für Demokratie und gegen Rechtsextremismus, Rassismus und weiteren Formen der gruppenbezogenen Menschenfeindlichkeit sowie des dschihadistischen Salafismus. „Die Stelle sorgt für die Vernetzung von Zivilgesellschaft und Verwaltung und vertritt die Stadt bei diesen Themen nach außen. [...] Eine repräsentative Studie der Ludwig-Maximilians-Universität München aus dem Jahr 2013[18] zeigt, dass es solche, auf bestimmte Gruppen bezogene menschenfeindliche Haltungen, auch in München gibt. Besonders auffällig war dabei, dass in München insbesondere Muslime, Obdachlose und Langzeitarbeitslose abgelehnt werden. Aber natürlich gibt es auch weiterhin tradierte Vorurteile und abwertende Haltungen beispielsweise gegenüber Juden."[19]
　　Im Rahmen der Studie „Arbeits- und Lebenssituation von Menschen mit Behinderungen in der Landeshauptstadt München" haben fast 70 Prozent der Befragten über vielfältige Diskriminierungserfahrungen wegen ihrer Behinderung berichtet.[20]

**These 3: ÖFFENTLICHER RAUM + GEMEINWOHL**

**Stadt ist keine Inklusionsmaschine, denn der öffentliche Raum ist trotz UN-Behindertenrechtskonvention und einer anhaltenden Debatte über die Gesundheitsrisiken von Feinstaub und Stickoxiden in städtischen Straßenräumen nicht nur voller baulicher Barrieren, sondern immer noch vom privaten Autoverkehr dominiert. Parkende und fahrende private Autos beanspruchen einen Großteil des knappen öffentlichen Raumes, große Geschwindigkeitsdifferenzen verunsichern zu Fuß Gehende. Autofreier Raum wird vielfach durch Events, Freischankflächen oder Werbung kommerzialisiert. Dadurch werden vor allem ältere, langsamere, weniger zahlungskräftige und mobilitätseingeschränkte Menschen von der gleichberechtigten Nutzung des öffentlichen Raumes ausgeschlossen.**

Allen Beteiligten ist klar, was getan werden müsste, um barrierefreie ÖV-Haltestellen, Verwaltungsgebäude, Schulen, öffentliche Räume, Theater, Sportstätten usw. und eine ausreichende Zahl barrierefreier Wohnungen zu schaffen. Inklusion entscheidet sich allerdings nicht an der abgesenkten Bordsteinkante. Es geht um grundsätzliche Fragen der Verteilung von urbanen Räumen zwischen Allgemeinheit und einzelnen Nutzer*innen, zwischen Kommune und Privaten. Was fehlt, ist ein Wandel in den Köpfen. Es geht es um eine gemeinwohlorientierte Bodenpolitik, die eine Privatisierung und damit exklusive private Nutzung von öffentlichem Boden und Immobilien nicht länger zulässt, und um eine gerechte Verteilung des durch Verdichtung der Städte immer knapper werdenden öffentlichen Raumes.

**Wenn wir auf München schauen ...**

… sehen wir eine Stadt, in der eine Verkehrswende und eine gerechtere Verteilung von öffentlichem Raum allenfalls am Horizont zu erahnen sind. Laut der Studie „Arbeits- und Lebenssituation von Menschen mit Behinderungen in der Landeshauptstadt München" sehen 52 Prozent der Befragten bei Mobilität und Barrierefreiheit im öffentlichen Raum einen hohen oder sehr hohen Handlungsbedarf.[21] Nach der zuletzt 2017 durchgeführten bundesweiten Studie „Mobilität in Deutschland"[22] hat der Anteil des motorisierten Individualverkehrs (Fahrende und Mitfahrende) an allen Wegen in München von 2008 bis 2017 nur leicht von 37 auf 34 Prozent abgenommen. Durch das Wachstum der Stadt und die Zunahme der zugelassenen Pkw im selben Zeitraum um fast 19 Prozent bedeutet dies aber keine Entlastung für den öffentlichen Raum. Der Anteil der mit Fahrrad und zu Fuß zurückgelegten Wege ist in der Summe mit 42 Prozent konstant geblieben, der Anteil des ÖPNV hat sich um nur 3 Prozent erhöht.

Ansätze einer Verkehrswende zu einer stadtverträglichen und inklusiven Mobilität haben in München – anders als zum Beispiel in Kopenhagen – lange auf sich warten lassen. Erst in jüngster Zeit signalisieren Stadtratsbeschlüsse zum neuen

Mobilitätsplan, zur autofreien bzw. autoarmen Altstadt, zur Isarparallele und zu einzelnen Zielkonflikten zwischen Rad- bzw. Fuß- und Autoverkehr ein Umsteuern.

### FAZIT
#### Von der Inklusionsmaschine zum Recht auf Stadt

Die hier zugespitzt gegeneinander gestellten Pro- und Kontra-Argumente zur These der „Inklusionsmaschine Stadt" geben keine abschließenden Antworten, sondern spiegeln eine widersprüchliche Realität. Die Thesen sollen Anstöße zur kritischen Reflexion und Diskussion empirischer Befunde, von Strategien und Plänen geben. In ihrer langen Geschichte war die Stadt längere Zeit eine Exklusions- als eine Inklusionsmaschine: im Mittelalter durch Stadtmauer und Zunftzwang, in der Industrialisierung durch soziale Segregation, Wohnungsnot, auf Männer bzw. Eigentümer beschränktes Wahlrecht und in der postindustriellen Stadt durch räumlich-soziale Polarisierung, Mangel an bezahlbaren Wohnungen, Gentrifizierung und die Dominanz des Autos im öffentlichen Raum. Die moderne Stadt war nur in Sondersituationen inklusiv, etwa im Rahmen fortschrittlicher Wohnungs- und Siedlungsbauprogramme wie im Neuen Frankfurt oder im Roten Wien der Zwischenkriegszeit.

Stadt ist nicht per se Inklusions- oder Exklusionsmaschine. Sie bietet bestenfalls den Raum, die Anlässe und die Infrastruktur für Inklusion. Inklusion findet nicht in Steinen, sondern in den Köpfen der Bürger*innen statt. Deshalb geht es nicht um mehr und schnellere Bauprogramme, sondern um einen Perspektivenwechsel und neues Denken. Es geht in erster Linie um eine durchgängige Gemeinwohlorientierung der Stadtpolitik, bezogen auf Boden, Wohnen, öffentlichen Raum und Infrastruktur. Das Gemeinwohl als Maßstab muss entschlossen verteidigt werden: gegen Finanzialisierung, Ökonomisierung und Privatisierung. Wichtige informelle Instrumente sind dabei Diskurs, Kommunikation, Bildung und Empowerment. Es geht um Kooperation und Teilen als Chance zur Teilhabe aller – um das „Machen" als Chance zur aktiven Mitgestaltung der Stadt.

Die inklusive Stadt ist kein Projekt mit definiertem Anfangs- und Endpunkt, sondern ein permanenter Prozess, ein urbanistisches Reallabor und ein Experiment mit ungewissem Ausgang. Sich als Architekt*in, Stadtplaner*in, Politiker*in oder Aktivist*in darauf einzulassen, heißt nichts anderes, als das Recht auf Stadt für alle ernst zu nehmen. Statt technischer Innovationen und städtebaulicher Leuchttürme braucht es dazu vor allem soziale Innovationen!

1 Vgl. dazu Nassehi, Armin: Wie können Städte urban bleiben?. In: vhw Forum Wohnen und Stadtentwicklung 7/2015, S. 115 ff.

2 Landeshauptstadt München, Referat für Stadtplanung und Bauordnung (Hg.): Perspektive München. Leitmotiv und Leitlinien. München, 2015, S. 8.

3 Landeshauptstadt München, Sozialreferat (Hg.): Arbeits- und Lebenssituation von Menschen mit Behinderungen in der Landeshauptstadt München. Kurzbericht zur Studie 2013, verfasst von Andreas Sagner. München, 2014, S. 28.

4 Saunders, Doug: Arrival City: How the largest Migration in History is Reshaping Our World. New York, 2011.

5 Landeshauptstadt München, Referat für Stadtplanung und Bauordnung (Hg.): Demografiebericht München Teil 1. Analyse und Bevölkerungsprognose 2017 bis 2040 für die Landeshauptstadt München. München, 2019, S. 39.

6 Landeshauptstadt München, Referat für Stadtplanung und Bauordnung (Hg.): Freiham – ein inklusiver Stadtteil. Handlungsempfehlungen. München, 2016.

7 Landeshauptstadt München, Referat für Stadtplanung und Bauordnung: „Dachauer Str., Werkstattgespräch". Verfügbar unter: https://www.muenchen.de/rathaus/Stadtverwaltung/Referat-fuer-Stadtplanung-und-Bauordnung/Projekte/Dachauerstrasse-Werkstattgespraech.html (letzter Zugriff: 26.05.2019).

8 Landeshauptstadt München, Referat für Stadtplanung und Bauordnung: „Projekt Werksviertel/Ostbahnhof". Verfügbar unter: https://www.muenchen.de/rathaus/Stadtverwaltung/Referat-fuer-Stadtplanung-und-Bauordnung/Projekte/Ostbahnhof.html (letzter Zugriff: 26.05.2019).

9 Landeshauptstadt München, Referat für Stadtplanung und Bauordnung (Hg.): Perspektive München. Leitmotiv und Leitlinien. München, 2015, S. 10–11.

10 Landeshauptstadt München, Sozialreferat (Hg.): 1. Aktionsplan zur Umsetzung der UN-Behindertenrechtskonvention. München, 2014.

11 Landeshauptstadt München, Sozialreferat (Hg.): Arbeits- und Lebenssituation von Menschen mit Behinderungen in der Landeshauptstadt München. Kurzbericht zur Studie 2013, verfasst von Andreas Sagner. München, 2014, S. 24.

12 Landeshauptstadt München, Referat für Stadtplanung und Bauordnung: „Projekt Funkkaserne/Domagkpark". Verfügbar unter: https://www.muenchen.de/rathaus/Stadtverwaltung/Referat-fuer-Stadtplanung-und-Bauordnung/Projekte/Funk-Kaserne.html (letzter Zugriff: 26.05.2019).

13 Landeshauptstadt München, Referat für Stadtplanung und Bauordnung: „Projekt Prinz-Eugen-Kaserne". Verfügbar unter: https://www.muenchen.de/rathaus/Stadtverwaltung/Referat-fuer-Stadtplanung-und-Bauordnung/Projekte/Prinz-Eugen-Kaserne.html (letzter Zugriff: 26.05.2019).

14 Quartiersgenossenschaft Prinz-Eugen-Park: siehe https://www.prinzeugenpark.de/quartiersgenossenschaft.html (letzter Zugriff: 26.05.2019).

15 Münchner Initiative für ein soziales Bodenrecht (Hg.): Ein soziales Bodenrecht für bezahlbaren Wohnraum und lebenswerte Städte. Münchner Aufruf für eine andere Bodenpolitik. München, 2017, S. 1–2.

16 Landeshauptstadt München, Sozialreferat (Hg.): Arbeits- und Lebenssituation von Menschen mit Behinderungen in der Landeshauptstadt München. Kurzbericht zur Studie 2013, verfasst von Andreas Sagner. München, 2014, S. 34–35.

17 Ebd., S. 21.

18 Steinbeißer, Dominik et al.: Gruppenbezogene Menschenfeindlichkeit in München. Forschungsbericht des Instituts für Soziologie der Ludwig-Maximilians-Universität München. München, 2013.

19 Landeshauptstadt München, Fachstelle für Demokratie: Arbeitsschwerpunkte. Verfügbar unter: https://www.muenchen.de/rathaus/Stadtpolitik/Fachstelle-fuer-Demokratie/Arbeitsschwerpunkte0.html (letzter Zugriff: 28.05.2019).

20 Landeshauptstadt München, Sozialreferat (Hg.): Arbeits- und Lebenssituation von Menschen mit Behinderungen in der Landeshauptstadt München. Kurzbericht zur Studie 2013, verfasst von Andreas Sagner. München, 2014, S. 29.

21 Ebd., S. 49.

22 Landeshauptstadt München, Referat für Stadtplanung und Bauordnung: So bewegen sich die Münchner fort. Verfügbar unter: https://www.muenchen.de/aktuell/2018-08/studie-so-bewegen-sich-die-muenchner-fort.html (letzter Zugriff 28.05.2019).

ionsm
ADT

Lichthof
14:00
8.1.

Gribat
Architektin, St
Technische Univ

nikationspsychologe,
ersität der Künste Berlin

escher
Moderiert von

# Werkstattgespräch 2

# Ist es scheinheilig, über die Stadt als Inklusionsmaschine zu sprechen?

Stellt Inklusion
nur ein Feigenblatt dar?

Die Stadt eine Inklusionsmaschine? „Na klar!", will man vielleicht sagen – und doch kreuzt man lieber die Finger hinter dem Rücken, sich der wahrscheinlichen Scheinheiligkeit dieser Aussage bewusst. Zumindest möchte man nicht darauf schwören. Das könnte und sollte sie natürlich sein, die Stadt: für alle, für jede*n, kein Ausschluss. Aber eine Stadt, das sind sowohl alle gemeinsam als auch jede*r für sich. Eine Herausforderung!

Also folgt man erstmal den Anordnungen und Normen. Baut ausreichend Fahrstühle, konzipiert ordentlich geneigte Rampen und sorgt für die passenden Leitsysteme. Das ist – gar keine Frage – sehr wichtig für die Zugänglichkeit und die Benutzbarkeit des öffentlichen Raums und der Gebäude allgemein, zugleich beruhigt es aber auch das Gewissen der Stadt. Sind die Normenkataloge nur ein Feigenblatt, mit dessen Hilfe versucht wird, das Schamgefühl zu überwinden, das Privateste abzudecken – nämlich die Tatsache, dass es letztlich um fehlende Moral geht? Die Gesellschaft und jede*r Einzelne muss eine Haltung entwickeln, um nicht nur physische Barrieren, sondern auch soziale Teilhabebarrieren abzubauen. Und wie soll das gehen? Braucht man auch dafür Regeln und Normen? Noch eine Herausforderung! Denn Inklusionsvorhaben sind ambivalente Prozesse. Für städtebauliche Ideen, die über eine technische DIN hinausreichen, muss man an der Haltung arbeiten, um den inneren Schweinehund zu überwinden und Konsequenzen zu ziehen, um anders zu planen und zu entwerfen. Woher die Energie für diese Veränderungen kommen kann, ist umstritten. Die einen appellieren an die Einsicht, die anderen plädieren für knallharte Regeln. Beide Argumente sind nachvollziehbar. Wieder eine Herausforderung!

Die Stadt ist keine eierlegende Wollmilchsau, sie hat nicht nur Vorteile, kann nicht alle Bedürfnisse befriedigen und wird es nie schaffen, allen Ansprüchen zu genügen. Regeln schränken Freiheiten ein, damit anderen Freiheiten bleiben. Konflikte sind in einer Stadt zuhause: Wenn alle inklusiv sind, will man plötzlich Exklusivität, wenn alles exklusiv ist, will man Inklusion. Ein Zustand psychischer Zerrissenheit. Es gilt, bewusst offen zu sein für Konflikte, weil bewusst scheinheilig immerhin besser ist als unbewusst scheinheilig!

**Ausschnitte aus dem Gespräch mit**

**Nina Gribat** (N.G.) Architektin, Stadtplanerin, Technische Universität Cottbus

**Michael Häfner** (M.H.) Kommunikationspsychologe, Universität der Künste Berlin

**Hendrik Trescher** (H.T.) Soziologe, Erziehungswissenschaftler, Inklusionsforscher, Philipps-Universität Marburg

**Susann Ahn** (S.A.) Moderation

# Mitbringsel

H.T.: Inklusion ist krisenhaft. Das war meine erste Idee; das kann dargestellt werden mit diesem Foto aus einer Sozialraumbegehung, in der wir nach möglichen Teilhabebarrieren Ausschau gehalten haben. Man sieht einen Mülleimer, eine Anzeigetafel für Busse mit einem Gerät mit Sprachausgabe für Menschen mit Sehbeeinträchtigung. Wir stellten fest, dass das Gerät defekt ist. Das ist ein strukturelles Problem, um das man sich kümmern könnte. Außerdem sieht man eine Bank und diverse ungenutzte Baustellenabsperrungen. Der Mensch, der das dorthin gelegt hat, wollte sicher niemanden dadurch behindern, ihm fehlte es einfach an Bewusstsein dafür, dass durch diese Handlung einerseits eine Barriere dekonstruiert, gleichzeitig aber eine neue Barriere geschaffen wird. Es ist ein ambivalenter Aushandlungsprozess, wie mit Inklusion umgegangen wird. Inklusion ist keine Einbahnstraße, sondern es geht um eine Bewusstseinsveränderung im Raum, in der Stadt. Daher habe ich dieses Mitbringsel gewählt.

S.A.: Damit sind wir im Thema: zwei Bewegungen, die zur selben Zeit am selben Ort passieren, aus unterschiedlichen Interessen heraus – daher die Frage: Ist Inklusion scheinheilig?

H.T.: Inklusion an sich kann nicht scheinheilig sein, das wäre ein Attribut und das kann man einer Praxis nicht zuschreiben. Inklusion ist eine Praxis der Dekonstruktion – insgesamt, auch von Diskursteilhabebarrieren. Es geht darum, dort, wo Barrieren sind, diese abzubauen. Nicht nur physisch, technisch (Bordsteinabflachen), auch im Bewusstsein, sozial.

S.A.: Als Kommunikationspsychologe haben Sie vielleicht nochmal einen anderen Zugang, Michael Häfner?

M.H.: Ja, ich habe ein Mitbringsel, welches sich mit der Kommunikation von Inklusion beschäftigt. Damit, wie man inklusive Theorien kommunizieren kann, was sehr schwierig ist. Wer ist sich beim Betrachten dieses modernen genderneutralen Toilettentürlabels seines eigenen Geschlechtes besonders bewusst? Ich habe mich plötzlich besonders als Mann gefühlt, im Gegensatz zu dem klassischen Herz in der Tür einer

Michael Häfner

Hendrik Trescher

Nina Gribat

Berghütte, bei dem ich mir gar keine Gedanken gemacht habe, dass alle diese Toilette benutzen.

Die Beispiele zeigen schön die Zwiespältigkeit in der Kommunikation von Integration, Inklusion. Wir operieren mit Kategorien und je nachdem, wie wir diese interpretieren, erreichen wir schnell das Gegenteil von dem, was die Intention war.

Einerseits haben wir den „need to belong", den Wunsch, zu einer Gruppe dazuzugehören. Wir wollen aber auch individuell sein, besonders sein. Zwei Motive, die miteinander kämpfen – das macht Inklusion sehr dynamisch, aber auch sehr schwierig zu ‚handeln', ambivalent.

S.A.: Und aus der Sicht der Stadtplanerin und Architektin, Nina Gribat?

N.G.: Auf meinem ersten Foto-Mitbringsel sieht man die große Ring Road in Kairo. Auf der einen Seite ist ein neues Wohngebiet, auf der anderen liegt ein informelles Gebiet, dessen Bewohner*innen die hier zu sehende Treppe selbst gebaut haben. Die Ring Road wurde – zur Verkehrsoptimierung – vom Staat errichtet, allerdings ohne den Zugang zum informellen Wohnviertel und dadurch auch ohne Zugang zu den Buslinien, die auf der Ring Road fahren und stoppen. Man sieht hier, wie sich die Momente von Exklusion, aber auch die Praktiken der Inklusion im Stadtraum manifestieren – in diesem Fall über eine Treppe geregelt.

Mein zweites Foto-Mitbringsel ist aus dem sehr diversen und zugleich unglaublich segregierten Los Angeles: Venice Beach, wo die Stadt auf den Strand trifft. Von der Stimmung her ergibt sich dort ein Raum, der nicht von vornherein stark von einer spezifischen Gruppe besetzt ist. Es ergeben sich vielmehr Situationen, wo verschiedene Menschen zum Mitmachen eingeladen werden. Es gibt dort also eine große Offenheit, gemeinsam etwas in einem öffentlichen Raum zu machen, in einer Stadt, in der man sonst eher segregiert lebt und einen Großteil der Zeit in einer Blechkiste sitzt, um sich durch den Verkehr zu bewegen. Die Gemeinsamkeit in Venice Beach kann man als eine Form oder ein Angebot der Inklusion lesen, die aber auch zugleich etwas Performtes ist.

Mein drittes Mitbringsel ist das Foto einer Demonstration vor dem Brandenburger Tor in Berlin, die sich für Vielfalt eingesetzt hat. Für mich ist es ein Bild dafür, dass man für diese Form von Inklusion, von Beteiligt-Werden, von Gehört-

Werden, kämpfen muss. Wenn wir Demokratie ernst nehmen, ist so eine Form der Meinungsäußerung und des Kampfes für eine offene Gesellschaft wichtig, und dafür wiederum sind öffentliche Stadträume wichtig.

# Technische Lösungen liefern lediglich einen Kontext.

N.G.: Viele Studierende an meinem Fachbereich möchten in ihren Projekten „Räume für Gemeinschaft" entwerfen. Sie wollen alle etwas für die Gemeinschaft machen, denken aber häufig, man müsse dafür nur Platz schaffen. Leider reicht das aber nicht. Man sollte sich viel genauer ansehen, an welche Orte verschiedene Gruppen gerne gehen und wie sich diese unterscheiden von Orten, wo eine solche Gemeinschaft in Differenz nicht so leicht möglich ist. Manchmal liegt es daran, dass man konsumieren muss oder bestimmt aussehen muss oder bestimmte Fähigkeiten braucht, um willkommen zu sein. Wie schafft man also ein Klima, in dem sich alle oder, besser gesagt, möglichst viele, die sonst oft marginalisiert und ausgeschlossen werden, willkommen fühlen?

M.H.: Interessant sind da auch die Umstrukturierungen in Büroräumen (z. B. an Universitäten). Irgendwann kamen Großraumbüros, in welche dann aber auch – aufgrund von Beschwerden der Mitarbeiter*innen – kleine „Aquarien" eingebaut wurden, in denen man alleine sein kann. Immer wieder die zwei Motive: Inklusion ist eine Praxis, aber es ist genauso eine Praxis, sich zu individualisieren, sich herauszunehmen aus der Inklusion. Das muss mitgedacht werden, denn wenn ich zu viel Inklusionshaube über alles drüber stülpen würde, hätte ich Bedenken, dass sich die Menschen mit Händen und Füßen dagegen wehren.

H.T.: Die Dekonstruktion von Teilhabebarrieren spielt dabei eine große Rolle. Da ist es nicht so wichtig, ob ich sage: „Ich will das Individuelle unter den Gleichen sein." Die Frage ist, ab wann es in Ordnung ist zu sagen: „Ab hier lasse ich jemanden aus" – oder muss jemand zwingend teilhaben können? Wenn ich beispielsweise Astronaut werden will, dann gibt es Begrenzungen: zu alt, nicht fit genug, nicht Mathematik studiert – es handelt sich um einen sehr besonderen Diskurs, deshalb ist der Ausschluss hier in Ordnung. Bei anderen Diskursen ist es das nicht, zum Beispiel bei öffentlichen Plätzen.

S.A.: Aus Sicht der Städteplanung ist die Zugänglichkeit des öffentlichen Raums ein ganz elementarer Punkt, der häufig nur über eine technische Lösung angegangen wird. Wenn man Inklusion anders denkt, kommt man dann zur Frage der Scheinheiligkeit?

M.H.: Technische Lösungen liefern lediglich einen Kontext. Sie ermöglichen Zugang oder verschließen ihn, müssen aber mit dem, wie der Mensch sozial die Situation verarbeitet, gar nicht viel zu tun haben. So kann ich eine Bibliothek zwar barrierefrei betreten, kann aber vielleicht nicht lesen. Es ist wichtig, dass wir darauf schauen. Wir konstruieren eine Realität, indem wir nach einer Identität suchen. Immer wenn mehrere Menschen aufeinanderprallen, versuchen wir, uns in einer Identität diesen Menschen gegenüberzustellen. Das kann eine gemeinschaftliche Identität sein, das kann aber auch nur mit mir zu tun haben. Das kann über den Kontext getrieben sein: Vielleicht fühle ich mich intellektuell, wenn ich in eine Bibliothek gehe; oder aber ich fühle mich ausgeschlossen, weil ich mit all dem gar nichts anfangen kann. Ich konstruiere eine Realität. Wenn ich mir die Realität so konstruiere, dass ich mich ausgeschlossen fühle, ist das eine sehr herbe Emotion. Ausgeschlossen zu sein, ist eine der stärksten Emotionen. Dazu gibt es viel Forschung. Dabei spielt es keine Rolle, ob es stimmt oder nicht – sobald ich mir die Welt so denke, dass ich ausgeschlossen bin, habe ich sehr negative Emotionen, die auch sehr schnell in Aggressionen umschlagen können.
Ich weiß jetzt, dass Leute stark auf Exklusion reagieren, weiß aber noch nicht, wie ich es beheben kann. Außer mit der schlechten Kaugummilösung: Ich stülpe da was Übergeordnetes drüber, muss eine möglichst breite Identifikationsebene bieten, muss es öffnen für möglichst viel. Das verwässert alles sehr schnell und bietet den Menschen weniger Möglichkeit, sich zu identifizieren, und ist deswegen oft unattraktiver.

H.T.: Das wäre dann, wenn man einen elitären Diskurs konstituiert. Klar, es gibt Subdiskurse, es gibt aber allgemeinere Diskurse, von denen Leute ausgeschlossen werden, beispielsweise Bildungsdiskurse oder öffentliche Räume. Ich würde keinesfalls sagen, jemand muss jetzt mit Leuten befreundet sein, die als ausgeschlossen gelten. Die Frage ist allerdings doch, ob das eher möglich ist, wenn sich ein Bewusstsein verändert. Auf die Bewusstseinsveränderung muss die planende Praxis abzielen. Man kann Inklusion nicht einfach machen, Inklusion ist etwas, das sich vollzieht. Aber ich kann versuchen – auch planerisch –, Räume zu schaffen, in denen sie sich vollzieht. Da spielen Zugänge eine Rolle, aber auch, was man dort macht, was es dort gibt. Es gibt Leute, die von der

Mehrheitsgesellschaft so ausgeschlossen sind, dass es schon gut wäre, wenn es jemanden gäbe, der sie in die Stadt begleitet, sodass ein Kontakt überhaupt möglich ist.

M.H.: Aber dann ist Inklusion eine Haltung?

H.T.: Inklusion ist eine Praxis, die sich vollzieht in der Dekonstruktion von Teilhabebarrieren.

M.H.: Aber nicht eine spezifische Praxis, doch eher eine Haltung, eine Offenheit, Erfahrung, basierend auf einzelner Praxis, die es mir ermöglicht, offen umzugehen mit Situationen, in denen unterschiedliche Dinge aufeinanderprallen.

# Abbau von Teilhabebarrieren – Abbau von Privilegien

S.A.: Was kann also aus städtebaulicher Sicht getan werden, um diese Teilhabebarrieren abzubauen? In der Praxis?

N.G.: Man könnte das auch umgekehrt formulieren und nicht sagen, es gehe um die Dekonstruktion von Teilhabebarrieren, sondern um den Abbau von Privilegien. Privilegien, die sich in Möglichkeiten der Raumüberwindung ausdrücken können, in ökonomischer Hinsicht, in Sozialkapital, in Ausbildung etc. Es hat mit einer Aufgabe von Privilegien zu tun, mit einer Anerkennung, dass es diese Privilegien gibt.
Es müssen die, die privilegiert sind, sich über ihre Privilegien klarwerden. Das wäre die angesprochene Bewusstseinsschaffung. Um anzuerkennen, dass es in dieser Gesellschaft Rassismus gibt, muss ich als weiße Frau anerkennen, dass ich in dieser Form in dieser Gesellschaft privilegiert bin.

H.T.: Da geht es um Fragen von Bildung und Fragen von Gerechtigkeit, Steuerungsprozessen. Es ist eine Bildungsfrage und eine Aufklärungsfrage.

N.G.: Wenn man Inklusion nur als eine Schaffung von Teilhabevoraussetzungen betrachtet, dann ist das in gewisser Weise scheinheilig, weil man am Ende nicht schaut, ob sich die Teilhabe tatsächlich in dieser Form vollzieht. Das deutsche Schulsystem ist erstmal für alle zugänglich, aber am Ende haben wir doch keinen sozialen Aufstieg, weil in unserer Gesellschaft eben doch der soziale Hintergrund das verhindert.

**M.H.:** Die Zugänglichkeit alleine reicht nicht aus. Wir müssen dafür sorgen, dass eine Heterogenität entstehen kann. Nur Kontakt hilft dabei, Stereotypen abbauen zu können. Nur Heterogenität! Wir können uns die Beine ausreißen, am Ende ist es Kontakt, der hilft. Wie mache ich jetzt einen öffentlichen Raum mit allen Zugänglichkeiten und sorge dann noch dafür, dass der Raum heterogen bleibt in der Zusammensetzung?

**N.G.:** Wenn man einfach nur die Andersartigkeit erstmal aushält im öffentlichen Raum, dann ist schon was gewonnen. Wo kann dann Kontakt stattfinden? Ich denke, dafür ist heute vor allem in größeren öffentlichen Institutionen noch die Möglichkeit gegeben, zum Beispiel in der Schule, der Hochschule, in öffentlichen Verkehrsmitteln (als Institution gedacht). Die Frage ist, inwieweit man sich als Gesellschaft auf einen gemeinsamen Nenner einigen kann: Was sind die Dinge, die wir gemeinsam nutzen wollen? In welchen Kontexten wollen wir es Privilegierten erlauben, sich von diesem gemeinsamen Nenner zu verabschieden, indem sie beispielsweise ihre Kinder auf Privatschulen schicken. Meiner Meinung nach ist es wichtig, diese gemeinsamen Nenner so groß und breit wie möglich zu halten. Nicht, dass sich jeder in seine eigene kleine Blase verabschieden kann.

**H.T.:** Was aber total interessant ist, wenn wir das jetzt ganz praktisch weiterdenken: Was mache ich dann als Städteplaner? Elektromobilität, Carsharing – stampfe ich das dann ein, weil es keine gute Idee ist, weil die Leute nicht mehr gemeinsam im öffentlichen Nahverkehr fahren?

**N.G.:** Naja, man kann nicht immer nur eins machen, aber man kann Prioritäten setzen. Ich denke, es hat sich herausgestellt, dass etwas Anderes, als öffentlichen Verkehr zu fördern, sowieso nicht zielführend sein wird.

**M.H.:** Wobei man ja auch argumentieren könnte: Carsharing ermöglicht vielleicht auch Leuten die Möglichkeit zur Teilhabe, die sich kein Auto leisten können. Das ist eine sehr ambivalente Geschichte. Es ist ein wichtiger Punkt, die Ambivalenz in der Sache anzuerkennen, sie zu verstehen. Inklusives Denken fängt mit dem Verstehen von Ambivalenzen an.

**S.A.:** Ist es nur das Verstehen von Ambivalenzen oder auch die Lust, sich mit ihnen auseinanderzusetzen? Unterschiedliche Interessen auszuhandeln und den Konflikt als positive Ressource zu nehmen, um daraus einen Raum und Gemeinschaft zu konstruieren?

N.G.: Es ist wichtig, Konflikt als etwas Positives zu sehen.

M.H.: Absolut, das Gegenteil wäre: Ich ziehe mich raus. Dann komme ich nicht in Kontakt und bleibe in meiner eigenen Identität oder Gruppe. Konflikt ist eine ganz große Chance. Weniger als Fachbegriff, sondern eher: Wo müssen wir rangehen? Das hat viel mit Bildung zu tun, auch mit einem Bildungsideal. Da muss eine Haltung entwickelt werden und das muss auch eine Haltung sein, die offen ist für Konflikte meiner Meinung nach!

H.T.: Die Reflexion von Konflikt – so schaffen wir es, uns aufeinander zuzubewegen. Ambivalenzen spielen dabei eine wichtige Rolle, aber die machen es auch so schwer. Wir mögen eigentlich keine Ambivalenzen, wollen lieber in Schwarz-Weiß denken, möglichst einfach denken. Und alles, was ambivalent ist, fühlt sich erstmal doof an. Ein Kern von pädagogischem Handeln ist allerdings das Denken in Ambivalenzen. Das hat wieder Konjunktur durch die inklusionspädagogische Debatte. Die Architektur als Disziplin kann nicht alleine Inklusion schaffen, ebenso wenig wie die Pädagogik. Das ist schon ein Prozess, eine Praxis. Da spielen dann auch Aspekte mit rein wie: Haben die Menschen denn genügend Geld, haben sie überhaupt Zugang zu öffentlichen Verkehrsmitteln, können sie überhaupt irgendwo hinkommen?

M.H.: Vielleicht müssen wir mehr Ambivalenz schaffen in der Stadt, um zu lernen, damit umgehen zu können?! Wir sind so sehr auf Klarheit bedacht, gerade bei der Konstruktion öffentlichen Raumes. Vielleicht ist das eine Sackgasse und wir müssen mehr Mut zu Ambivalenz haben.

N.G.: Die Frage, inwieweit man in Städtebau und Architektur überhaupt bereit ist, so etwas wie „Unordnung" auszuhalten, ist riesig. Betrachtet man Orte, wo sich Aneignungsprozesse vollziehen, dann sind das oft die Orte, die nicht bis zum Ende aufgeräumt sind. Das, was man in der Regel aber als gelungenen Städtebau bezeichnet – was oftmals auf einer starken Ordnung und einem starken Bild beruht –, schafft dann wieder eher Exklusion.

H.T.: Dem rein zweckrationalen Gedanken muss der wertrationale Gedanke der Raumaneignung entgegengestellt werden, und darin liegen Risiken. Man

muss auch dazu bereit sein, Risiken
einzugehen, dass Planungen scheitern
beispielsweise.

# Auf Regulierung oder auf moralisches Handeln setzen?

**Publikumsfrage:** Wie schafft man Inklusion – zum Beispiel dadurch, dass auch der Staat eingreifen kann, wenn sich private Unternehmen nicht inklusiv verhalten bzw. inklusionsrelevante Entscheidungen in der Hand haben?

**M.H.:** Letztendlich ist es auch eine moralische Frage. Es muss was Moralisches sein, was sich etablieren muss, auch daher ist ein Diskurs wichtig!

**N.G.:** Ich denke es reicht nicht, nur auf die Moral zu hoffen. Man braucht auch klare Regulierungen. Zum Beispiel Klimawandel – ein etwas anderes Thema: Nur darauf zu hoffen, dass wir alle nur aus moralischen Gründen weniger Energie verbrauchen, würde wahrscheinlich wenig bringen. Es bringt mehr, wenn wir sagen: Autos dürfen nicht mehr als ein bestimmtes Maß an $CO_2$ ausstoßen. Oder wieder zurück zu unserem Thema hier: Man kann es regulieren, dass Zugänglichkeit auch von privaten Anbieter*innen vorgesehen werden muss. Ich vertraue da vor allem auf Regulierung. Jede*r Einzelne darf auch noch mehr machen, aber es muss ein gewisses nicht verhandelbares Minimum geben und das muss auf private Akteur*innen übertagen werden.

**M.H.:** Ich glaube aber, dass das genau zu dem Feigenblatt führt! Weil wir nur – weil es die Verordnung uns vorschreibt – den geforderten Fahrstuhl bauen, um einen behindertengerechten Zugang zu einer Universität zu schaffen. Und dann hören wir auf und fühlen uns moralisch nicht mehr verpflichtet, uns weiter zu kümmern.

So viele Verordnungen kann ich gar nicht erlassen, wie es nötig wäre, wenn ich vergesse, das moralische Bewusstsein zu schaffen. Es ist extrem wichtig, das parallel zu tun. Wir können Verordnungen schaffen, aber je mehr Verordnung wir schaffen, umso mehr wehren wir uns dagegen und desto mehr Auswege suchen wir uns. Es muss eine moralische Basis geben.

N.G.: (...) die moralische Basis haben wir doch schon längst, das macht im Großen und Ganzen doch relativ wenig aus.

M.H.: (...) ich finde nicht, dass wir die schon haben. Dann müssten wir, egal in welchem Bereich, einfach nur durch Erlässe regeln.

N.G.: So ist es!

M.H.: Um Gottes Willen, nee! Schrecklich! So will ich nicht leben!

N.G.: Ich denke, da lebst du schon drin!

# Keine Inklusion ohne Exklusion.

## Zum psychologischen Wechselspiel zweier grundlegender Motive

**Michael Häfner**

Keine Inklusion ohne Exklusion.
Zum psychologischen Wechselspiel zweier grundlegender Motive

Beschäftigt man sich mit dem Begriff Inklusion, so findet diese Auseinandersetzung unwillkürlich in Abgrenzung zum Begriff der Exklusion statt. Auf den ersten Blick stellen sich die Begriffe dabei als Extreme und damit als Gegensätze auf einem Kontinuum von Inklusion (zumeist positiv konnotiert) bis Exklusion (fast ausschließlich negativ konnotiert) dar. Eine nähere, primär psychologische Betrachtung – und diese ist Ziel des vorliegenden Kapitels – zeigt aber, dass die beiden Extreme in einem komplexen und teilweise paradoxen Verhältnis zueinander stehen. Ein kleines Beispiel, das mir auch in der diesem Band vorangegangenen Podiumsdiskussion zum Einstieg diente, gibt einen ersten Einblick in die Verwobenheit der beiden Prozesse: Im Bestreben, dem Inklusionsgedanken, also der Gleichbehandlung aller, gerecht zu werden, finden sich an Toiletten im öffentlichen Raum in letzter Zeit vermehrt inklusive Symbole. Anstelle einer Trennung in Frauen- und Männertoiletten, sollen die Toiletten gemeinschaftlich genutzt werden. Dazu findet sich an den Räumen häufig eine Beschilderung, die versucht, alle möglichen Kategorien nebeneinander darzustellen, oder aber einen neuen (inklusiven) Hybriden zu bilden.

Wenngleich eine solche Beschilderung rein logisch einen Akt der Inklusion (in diesem Fall die Bildung einer inklusiven Kategorie) darstellt, findet zumindest bei Menschen, die sich einer spezifischen Geschlechterkategorie zuordnen, auf der psychologischen Ebene interessanterweise etwas anderes statt. Die gemeinsame Darstellung der unterschiedlichen Kategorien (auch in einer neuen Form) steigert die kognitive Verfügbarkeit[1] der eigenen Kategorie (welche ja für das Individuum nach wie vor die zutreffende ist). Das führt zu einer stärkeren Konstruktion des Selbst in der eigenen, letztlich exklusiven Kategorie. Nehme ich als Frau also die Beschilderung mit Zeichen für männlich, weiblich, divers wahr, so fühle ich mich paradoxerweise wahrscheinlich weiblicher als wenn die Beschilderung meine Zugehörigkeit nicht mit den Zugehörigkeiten anderer kontrastiert hätte oder aber eine andere inklusive Kategorie gewählt hätte. Letzteres wäre zum Beispiel der Fall gewesen, wäre die Toilette mit dem etwas antiquierten Herz-Symbol gekennzeichnet gewesen, welches die eigene Identität bzw. Kategorie nicht mit den anderen Kategorien kontrastiert, sondern lediglich eine Toilette symbolisiert.

Damit haben wir eine erste paradoxe psychologische „Verstrickung" der Konzepte Inklusion und Exklusion entziffert, nämlich deren Zusammenhang mit der Verfügbarkeit zugrundeliegender Kategorien. Wann immer inklusive

Kategorien in Form expliziter Zusammenführungen eigentlich exklusiver Kategorien entstehen, besteht die Gefahr, dass es aufgrund der expliziten Verfügbarkeit der Kategorien und des daraus resultierenden Hervortretens (Salienz) einzelner Kategorien zu paradoxen psychologischen Reaktionen bzw. Konstruktionen der Realität kommt.[2] Oder einfacher formuliert: Alleine die Tatsache, dass eine Kategorie im Reigen weiterer Kategorien dargestellt wird, führt zum Bewusstsein, zu einer spezifischen (Sub-)Kategorie zu gehören. Inklusion kann also so, zumindest gefühlt, schnell zur Exklusion werden.

Da es sich bei dem eben beschriebenen Phänomen klar um ein explizites Phänomen handelt – das heißt, die Bildung inklusiver Kategorien erfolgt rational und bewusst erkennbar auf der Basis einer Zusammenfassung eigentlich exklusiver Kategorien –, könnte man vorschnell schlussfolgern, dass man nur implizit genug inkludieren müsste, um sozusagen die Psyche zu überlisten. Leider liegen auch hier Befunde vor, die eine andere Sprache sprechen. Aufbauend auf der in der Sozialpsychologie extrem wichtigen Theorie der Sozialen Identität (Social Identity Theory, SIT[3]) zeigt beispielsweise die Forschung von Marilynn Brewer, wie implizit Menschen sich im Spannungsfeld zwischen Inklusion und Exklusion bewegen. In ihrer Theorie der optimalen Distinktheit (Optimal distinctiveness theory[4]) sieht Brewer den nach Identität suchenden Menschen zwischen zwei zentralen Motiven. Auf der einen Seite strebt der Mensch generell nach Nähe zu anderen Menschen, also nach Zugehörigkeit und damit Inklusion („need to belong"[5]). Auf der anderen Seite möchte der Mensch aber sein Motiv nach Unabhängigkeit und Einzigartigkeit befriedigt sehen, also auch nach Exklusion („need for uniqueness"[6]). In zahlreichen Studien kann Brewer zeigen, dass sich der Mensch ganz implizit, also mehr oder weniger unbewusst, automatisch zwischen den Motiven bewegt bzw. bewegt wird, sobald eines der Motive stärker bedient wird als das andere. Befindet sich das Individuum also beispielsweise in einer sehr inklusiven Situation, in der die Individualität keine Rolle spielt, wächst ganz automatisch der Drang, sich von der Gruppe abzuheben, um mehr Individualität zu erreichen. Brewer geht des Weiteren davon aus, dass die Bewegung des Individuums damit noch nicht zu Ende ist. Mit jedem Schritt in Richtung Unabhängigkeit wächst gleichzeitig wieder das Bedürfnis nach Inklusion. Das heißt, die beiden Motive generieren ein Spannungsfeld, in dem sich der Mensch dynamisch bewegt.

Damit haben wir die zweite paradoxe Verstrickung zwischen Inklusion und Exklusion entschlüsselt, nämlich deren Abhängigkeit. Obwohl beide als Extreme auf einem Kontinuum fungieren und somit als scheinbar unabhängige Gegensätze, besteht eine funktionale Abhängigkeit zwischen beiden. Inklusion legt Exklusion nahe, und Exklusion öffnet Räume für Inklusion.

Das dritte und zumindest in dieser Betrachtung letzte Paradoxon bezieht sich auf die im gegenwärtigen Sprachgebrauch sichtbare Wertung von Inklusion und Exklusion, in der Inklusion als eindeutig positiv und Exklusion als eindeutig negativ gewertet wird.[7] Wie im letzten Abschnitt bereits angedeutet, lässt sich eine solche Eindeutigkeit psychologisch nicht herstellen. Vielmehr erscheint es psychologisch sinnvoller, von einer Art optimalen Mitte zwischen den beiden Motiven bzw. Prozessen zu sprechen.[8] Des Weiteren leitet sich aus dieser Sicht ab, dass weder Inklusion noch Exklusion statisch betrachtet werden können, sondern dass beide in dynamischer Wechselwirkung miteinander und mit dem Individuum betrachtet werden müssen – oder wie der Titel dieses Beitrags lautet: keine Inklusion ohne Exklusion.

In der Zusammenschau ergeben sich, zumindest aus einer rein psychologischen Perspektive, drei Paradoxien, in die der Inklusionsbegriff verstrickt ist. Zugegebenermaßen handelt es sich bei diesen Verstrickungen um eher abstrakt-theoretische. Es stellt sich also berechtigterweise die Frage, welche Bedeutung diese für die konkrete stadtplanerische Praxis haben (könnten). In einem diesen Beitrag abschließenden Ausblick möchte ich mich dieser Frage mit dem Versuch einer „Übersetzung" stellen.

Auch wenn diese Übersetzung fehlerhaft und unvollständig bleiben muss, bietet die Verwendung eines in beiden Disziplinen verwendeten Begriffs, nämlich dem der Architektur[9], einen ersten Ansatzpunkt, um Psychologie und Stadtplanung näher aneinanderzurücken. Die Frage, die es dabei zu beantworten gilt, ist, inwieweit die tatsächliche Architektur der Städte der psychologischen Architektur des Menschen[10] angenähert werden kann bzw. werden muss, um Inklusion zu ermöglichen. Betrachtet man noch einmal die eingangs dargestellten psychologischen Verstrickungen von Inklusion und Exklusion, so kann man zunächst ableiten, dass es eine wie auch immer geartete explizite Schaffung von Inklusion schwer haben wird. Überall dort, wo das Ziel der Schaffung von Inklusion zu explizit verfolgt, proklamiert oder dargestellt wird, läuft man Gefahr, implizit zu exkludieren.

Daraus folgt die erste positive Schlussfolgerung, nämlich dass implizite Inklusionsbemühungen wahrscheinlich erfolgversprechender sind. Insofern könnte man aus psychologischer Sicht durchaus schlussfolgern, dass die Stadt (ganz implizit) als Inklusionsmaschine fungieren kann. Dort, wo Räume entstehen, in denen sich Menschen begegnen und interagieren können, findet Inklusion auch automatisch statt. Was sich so einfach anhört, ist in der Realität leider alles andere als trivial. Man denke beispielsweise an Stadtviertel in Großstädten, die sich oft fest in der Hand einzelner (Sub-)Kulturen befinden. Die so entstehenden städtischen Grenzen finden sich parallel genauso in den Köpfen ihrer Einwohner*innen. Entsprechend müsste eine erfolgreiche Stadtplanungspolitik nicht nur die Köpfe der Menschen adressieren, sondern auch deren realen Lebensraum. Nur in diversen Vierteln kann Inklusion entstehen und auch gelebt werden. Jegliche Form der Segregation erstickt dagegen Inklusionsbemühungen im Keim.

Auf kleinerer Ebene könnte das hier Gesagte bedeuten, dass Architekturen entstehen müssen, die Menschen in Interaktionen miteinander bringen, in denen naheliegende Identitäten keine oder nur eine untergeordnete Rolle spielen, da gemeinsame Identitäten entstehen können. Aus psychologischer Sicht sind hier also Orte, an denen Interaktionen „erzwungen" werden, solchen vorzuziehen, an denen Interaktionen „nur" ermöglicht werden. Zu denken ist hier etwa an Orte, an denen Kunst und Kultur eine wesentliche Rolle spielen und an denen in der Interaktion etwas Neues entsteht. Letztlich ist es nur der direkte Kontakt, der Inklusion in den Köpfen und im Verhalten der Menschen möglich macht und Grenzen aufbricht.[11]

### Biografischer und professioneller Zugang

Mit dem Wechsel von einem grundlagenwissenschaftlich-psychologischen Institut an die Fakultät für Gestaltung der Universität der Künste änderte sich nicht nur meine Perspektive auf psychologische Forschung im Allgemeinen, sondern vor allem auf das ungenutzte Potential psychologischer Theorien. Über den engen Kontakt zur Architektur in unserer Fakultät haben sich dann immer mehr Forschungsfragen entwickelt, die mich nach Übersetzungen psychologischer Theorien haben suchen lassen. Ein solcher Versuch ist hier abgebildet.

1   Higgins, E. Tory; Rholes, William S.; Jones, Carl R.: Category accessibility and impression formation. In: Journal of Experimental Social Psychology 2/1977, Jg. 13, S. 141–154.

2   Turner, John C. et al.: Rediscovering the social group: A self-categorization theory. Oxford, 1987.

3   Tajfel, Henri: Social identity and intergroup behavior. In: Information (International Social Science Council) 2/1974, Jg. 13, S. 65–93.

4   Leonardelli, Geoffrey J.; L. Pickett, Cynthia; Brewer, Marilynn B.: Optimal distinctiveness theory: A framework for social identity, social cognition, and intergroup relations. In: Advances in experimental social psychology 43/2010, S. 63–113.

5   Baumeister, Roy F.; Leary, Mark R.: The need to belong: desire for interpersonal attachments as a fundamental human motivation. In: Psychological Bulletin 3/1995, Jg. 117, S. 497–529.

6   Snyder, Charles R.; Fromkin, Howard L.: Uniqueness: The human pursuit of difference. New York, 1980.

7   Spandler, Helen: From social exclusion to inclusion? A critique of the inclusion imperative in mental health. In: Medical Sociology Online 2/2007, Jg. 2, S. 3–16.

8   Leonardelli, Geoffrey J.; L. Pickett, Cynthia; Brewer, Marilynn B.: Optimal distinctiveness theory: A framework for social identity, social cognition, and intergroup relations. In: Advances in experimental social psychology, 43/2010, S. 63–113.

9   Sturm, Susan: The architecture of inclusion: Interdisciplinary insights on pursuing institutional citizenship. In: Harvard Journal of Law & Gender, 2007, Jg. 30, S. 409–424.

10   Williams, Lawrence E.; Huang, Julie Y.; Bargh, John A.: The scaffolded mind: Higher mental processes are grounded in early experience of the physical world. In: European Journal of Social Psychology 7/2009, Jg. 39, S. 1257–1267.

11   Pettigrew, Thomas F.; Tropp, Linda R.: How does intergroup contact reduce prejudice? Meta-analytic tests of three mediators. In: European Journal of Social Psychology 6/2008, Jg. 38, S. 922–934.

# Inklusion ist ein ambivalenter und krisenhafter Prozess.

# Zum relationalen Verhältnis von Raum, Subjekt und Inklusion

**Hendrik Trescher**
Inklusion ist ein ambivalenter und krisenhafter Prozess.
Zum relationalen Verhältnis von Raum, Subjekt und Inklusion

### Raum, Subjekt und Inklusion – eine Hinführung

Raum und Inklusion werden relational konstituiert, woraus folgt, dass Inklusion immer eine ambivalente Aushandlungspraxis ist, die sich zwischen Raum und Subjekten diskursiv vollzieht und diese wechselseitig hervorbringt. Raum, Subjekt und Inklusion sind relational verknüpft, das heißt, sie konstituieren sich wechselseitig in diskursiven Aushandlungspraxen.[1] Raum wird dabei in Prozessen des Spacings und der Syntheseleistung hervorgebracht,[2] wobei Spacing die Praxis bezeichnet, Subjekte und Gegenstände zu positionieren und sich zwischen diesen „Platzierungen" zu bewegen,[3] während durch Synthetisierungen das Subjekt (einzelne) Menschen und Orte miteinander verknüpfen kann.[4] Im Beitrag werden Ambivalenzen, Krisen und die Frage diskutiert, ob es scheinheilig ist, von der Stadt als Inklusionsmaschine zu sprechen. Zum Gegenstand werden dabei Verhältnisse, unter denen sich Inklusion (nicht) vollzieht, so etwa das Verhältnis von Inklusion zu Moral und Anerkennung, zum subjektiven Bewusstsein, zur Krisenhaftigkeit sowie zur Frage nach Behinderung. Inklusion ist kein (rein oder primär) zweckrationaler Modus Operandi, Inklusion ist in erster Linie Dekonstruktion und somit in gewisser Hinsicht immer auch Kritik.

### Inklusion als Praxis

Inklusion ist eine Praxis, die Barrieren der Teilhabe an mehrheitsgesellschaftlichen Diskursen dekonstruiert, woraus Teilhabemöglichkeiten hervorgehen.[5] Inklusion ist also ein Prozess, der Behinderungspraxen entgegentritt, um diese schließlich machtvoll zu wenden.[6] Behinderungs- und Inklusionspraxen sind zueinander gegenläufig, können sich aber auch gleichzeitig vollziehen. Inklusion als Praxis der Dekonstruktion von Diskursteilhabebarrieren bedeutet, Strukturen und Praxen infrage zu stellen, die Behinderung hervorbringen, um so „das Vorherrschende […] in seiner gesellschaftlichen Funktion zur Aufrechterhaltung der herrschenden Norm(alität) sowie in seinen Konstitutions- und Konstruktionsprozessen zu untersuchen, dabei Ausgeschlossenes zu erkennen und Hierarchisierungen aufzuweichen"[7]. Behinderung als Praxis des Ausschlusses, die Personen je situativ den Zugang zu bestimmten Diskursen verwehrt bzw. je bestimmte – behinderte – Subjektpositionen im Diskurs zuweist, wird so rückgebaut. Inklusion ist also viel weniger als idealtypischer Zukunftsentwurf zu verstehen, sondern als Prozess, der sich sukzessiv vollzieht.

### Ob Schein oder Heiligkeit oder Scheinheiligkeit – Inklusion hat viel mit Moral und Anerkennung zu tun

Die Frage, die die Veranstaltung rahmte – „Ist es scheinheilig, über die Stadt als Inklusionsmaschine zu sprechen?" –, ist nicht ganz unproblematisch, da sie sinnlogisch ihre Berechtigung aus der Annahme zieht, die Stadt würde in einem zweckrationalen Modus Operandi von „nicht inklusiv" zu „inklusiv" transformiert. Davon kann allerdings nicht ausgegangen werden, da Inklusion (a) eine Praxis ist, die sich in der prozesshaften Aushandlung zwischen Raum, Diskurs und Subjekt vollzieht, und (b) immer auch moralisch geprägt ist, denn im Vordergrund steht die Frage: Wer soll woran in welcher Art und Weise teilhaben dürfen, können und/oder müssen? Es geht also darum, als was ein Subjekt in der jeweiligen Situation anerkannt und im Zuge dessen hervorgebracht wird. Anerkennungspraxen haben also einen normativen Kern[8] und bestimmen die Subjektpositionen, die eine Person im jeweiligen Diskurs einnehmen kann. Die Anerkennung als Subjekt, das im je bestimmten Diskurs (nicht) sprechen darf, wobei „Sprechen" hier über Verbalsprache hinausgeht, wird durch „Normen der Anerkennung"[9] bestimmt, die durch das „Wahrheitsregime […], das von Anfang an entscheidet, was eine anerkennbare Form des Seins ist und was nicht"[10], reguliert werden. Diese Normen formieren die unscharfen Grenzen[11] des Diskurses, innerhalb derer das Subjekt in je bestimmter Art und Weise anerkannt – und somit hervorgebracht – wird.[12]

### Inklusion und das Verschieben von unscharfen Grenzen

Inklusion heißt also, jene unscharfen Grenzen zu verschieben, die über Anerkennungsformen entscheiden, und Personen dadurch das Einnehmen diverser Subjektpositionen zu eröffnen. Beispielsweise gibt es bislang kaum Politiker*innen, die als „(geistig) behindert" bezeichnet werden, was zeigt, inwiefern dies eine Subjektposition ist, die von entsprechend benannten Personen kaum eingenommen wird.[13] Dies infrage zu stellen, kann dazu führen, gängige Denkmuster aufzubrechen, den Blick zu weiten und schließlich Teilhabebarrieren abzubauen, wodurch Menschen mit (geistiger) Behinderung als Politiker*innen anerkannt werden können. Die unscharfen Grenzen der Anerkennungsnormen können also verschoben werden – gerade durch die Aushandlung des Subjekts mit den Praxen des die Normen determinierenden Wahrheitsregimes.[14] „In diesem Sinne sind wir nicht deterministisch durch Normen festgelegt, auch wenn sie den Rahmen und den Bezugspunkt für alle Entscheidungen darstellen, die wir im Folgenden treffen"[15], sondern sind dazu in der Lage, Normen zu hinterfragen und so zu verändern.[16]

In den letzten Jahren werden Inklusion und damit verbundene Themen, wie Barrierefreiheit, immer mehr zum Gegenstand mehrheitsgesellschaftlicher Diskurse. Es wird darüber nach-gedacht, wie Menschen, die von Ausschluss bedroht oder betroffen sind und insofern als behindert hervorgebracht werden, Teilhabemöglichkeiten eröffnet werden können. Am Beispiel des nachfolgenden Bildes kann diskutiert werden, inwiefern dabei teils unterschiedliche Interessen aneinander-stoßen. Immer wieder zeigt sich dabei zudem, dass es ein Bewusstsein über diverse Bedarfe braucht, das bislang offenbar noch nicht umfassend in der Mehrheitsgesellschaft verankert ist.

Das Bild wurde im Rahmen einer ethnografischen Sozialraumbegehung in der Begleitforschung des Projekts „Kommune
Inklusiv" aufgenommen, in der Sozialräume hinsichtlich
Barrieren und Möglichkeiten ihrer Überwindung untersucht
werden.[17] Auf dem Bild ist eine Bushaltestelle abgebildet. An
der Säule ist ein Knopf angebracht, mit dem die akustische
Ansage der Abfahrtszeiten aktiviert werden kann. Diese ist
allerdings defekt, wodurch bereits eine erste Barriere manifest wird – blinde und sehbeeinträchtigte Personen, die auf
die akustische Ansage angewiesen sind, können sich hier
nicht informieren. Hinzukommt, dass die Säule mit Baustel-
lenmaterial versperrt ist, weshalb der Knopf, selbst wenn er
nicht defekt wäre, nicht erreicht werden kann. Zusätzlich begrenzt wird die Säule durch einen davorstehenden Mülleimer.
Auf der Bank, die Wartenden als Sitzgelegenheit dient, liegt
ein Signalschild, das wohl dorthin geräumt wurde, damit der
Weg nicht versperrt wird und Personen mit Kinderwagen oder
Rollstuhl ungehindert passieren können, was allerdings nun
die Sitzplätze blockiert.

 An diesem kurzen Beispiel zeigt sich sehr deutlich das
Zusammenwirken unterschiedlicher Diskurse: Die Baustelle
ist abgesperrt, was zwar zur Sicherheit beiträgt, allerdings
kann nun die Säule mit dem Knopf für die akustische Ansage
kaum mehr erreicht werden; eine akustische Ansage ist zwar
vorhanden, aber defekt; ein Signalschild wurde aus dem
Weg geräumt, mutmaßlich, um zu verhindern, dass der Weg
versperrt wird, allerdings sind die Sitzgelegenheiten dadurch
beschränkt. Inklusion heißt also nicht, einmalig entsprechende Veränderungen vorzunehmen. Vielmehr ist Inklusion eine
konstituierende Praxis, die einer gewissen Achtsamkeit und
eines Bewusstseins für Barrieren bedarf sowie dafür, wie
Barrieren nachhaltig abgebaut werden können. Es ist nicht
möglich, Inklusion durch eine Art „Maßnahme" herzustellen,
etwa indem eine Haltestelle mit einer akustischen Ansage
versehen wird, da Barrieren auch und insbesondere in der
diskursiven Aushandlung entstehen – und eben auch in dieser abgebaut werden können. Inklusion heißt folglich auch,
Bewusstsein und Sensibilität bei allen beteiligten Personen.

### Inklusion heißt Krise

Inklusion als Praxis der Dekonstruktion ist krisenhaft, da sie
gängige Sicht-, Denk- und Handlungsweisen infrage stellt.
Dem liegt ein Verständnis von Krise und Routine zugrunde,
das Krise als den Normalfall versteht, „den es zu bewältigen
gilt. Routinen sind dagegen analytisch der abgeleitete Grenz-
fall, auch wenn sie aus der lebenspraktischen Perspektive
selbst den empirisch bei weitem häufigsten Fall ausmachen."[18]
Werden routinierte Handlungen verunsichert, folgt daraus
die Krise, eine Entscheidung treffen zu müssen, wenngleich
nicht immer vollumfänglich abgeschätzt werden kann, was
die Konsequenzen dieser Entscheidung sind. Handelnde sind

herausgefordert, ihr Tun ständig zu hinterfragen, um so das Verhältnis von Krise und Routine aushandeln zu können.[19] Die Krisenhaftigkeit von Inklusion, durch die routinierte Handlungen infrage gestellt werden, zeigt sich beispielsweise darin, dass Veranstaltungen oftmals unter dem Schlagwort „Barrierefreiheit" geplant und umgesetzt werden sollen. Das stellt die verantwortlichen Personen teils vor Herausforderungen, wie bei einer Podiumsdiskussion im Rahmen des Projekts „Kommune Inklusiv" deutlich wurde: „Jetzt soll ich nicht nur dafür sorgen, dass man mit dem Rollstuhl überall hinkommt, sondern muss auch noch DGS-Dolmetscher und so weiter organisieren. Dann sollen auch noch alle Mahlzeiten regional und Bio sein – wie soll ich denn da im Budget bleiben?"[20], beklagt sich eine an der Podiumsdiskussion teilnehmende Person. Inklusion wird hier vor allem als Belastung und Mehraufwand erlebt, was insbesondere daran liegt, dass die barrierefreie Ausgestaltung von Veranstaltungen (bislang noch) nicht routiniert ist. Inklusion ist also krisenhaft für alle beteiligten Personen, da sie immer das Infragestellen routinierter Ordnungen bedeutet, wodurch sich allerdings schließlich Diskursverschiebungen vollziehen, die Teilhabemöglichkeiten für die Personen eröffnen, die bislang (ganz oder teilweise) ausgeschlossen waren.[21] Eine solche Diskursverschiebung läge darüber hinaus etwa darin, Sittlichkeitsnormen zu hinterfragen und dadurch zu verändern. Beispielsweise gilt es als unüblich, in einem Restaurant nicht selbst zu essen, sondern gefüttert zu werden (wie es u. a. auf Menschen mit Spasmen oder Lähmungen zutrifft). Indem der kulturelle Wert dessen infrage gestellt wird, wird ermöglicht, routinemäßige Praxen und Sichtweisen zu verändern.

### Inklusion zu gestalten, bedeutet, Ambivalenzen auszuhandeln

Inklusionspraxen können ambivalent sein, was unter anderem dann zum Tragen kommt, wenn der Abbau von Diskursteilhabebarrieren für bestimmte Personen dazu führt, dass für andere Personen Barrieren errichtet werden. Ein Beispiel, das in diesem Zusammenhang immer wieder genannt wird, betrifft das Absenken von Bordsteinkanten, wodurch für Menschen mit Mobilitätsbeeinträchtigungen zwar unter Umständen Barrieren abgebaut werden, Menschen mit Sehbeeinträchtigungen sich aber möglicherweise schlechter orientieren können, da der Bordstein für sie eine zuverlässige Leitlinie darstellt.[22] Inklusion zu gestalten, bedeutet also auch, sich der Frage zu stellen, an wessen Bedürfnisse Handlungspraxen angelehnt sind und wie Ambivalenzen ausgehandelt werden, die gegebenenfalls damit einhergehen. Ein weiteres Beispiel sind stellvertretende Handlungspraxen, wie sie sich oftmals im Kontext der Betreuung von Menschen mit (geistiger) Behinderung vollziehen. Werden Diskursteilhabebarrieren stellvertretend für andere Personen beseitigt, so geht damit die Ambivalenz einher, dass jenen Personen zwar unter Umständen

Zugänge zu mehrheitsgesellschaftlichen Diskursen eröffnet werden, sie allerdings dadurch ihre persönliche Handlungsökonomie kaum erweitern können, da ihr Status „betreut" bzw. „behindert" nicht dekonstruiert wird. Ein Beispiel hierfür ist, wenn Menschen mit (geistiger) Behinderung zwar einer Freizeitaktivität in der Mehrheitsgesellschaft nachgehen, dies aber in exklusiven Betreuungssettings tun, in denen sie ausschließlich Kontakt zu Menschen mit (geistiger) Behinderung haben, wodurch Kontaktmöglichkeiten zu Personen, die der Mehrheitsgesellschaft angehören, stark eingeschränkt sind. Auch diese Ambivalenzen gilt es auszuhandeln, sodass je situativ selbstbestimmte Handlungsperspektiven eröffnet und genutzt werden können.

### Inklusion ist ein Prozess, an dessen Ende Teilhabemöglichkeiten stehen

Inklusion ist weniger als zukünftiger Zustand zu verstehen, der teleologisch angestrebt werden kann, sondern vielmehr als Prozess, der sich sukzessive vollzieht und Teilhabemöglichkeiten eröffnet, die genutzt werden können – oder eben auch nicht. Dazu gehört, zu respektieren, wenn sich Personen dagegen entscheiden, inklusive etwa inklusiv genannte Veränderungen mitzumachen, etwa aus dem stationär betreuten Wohnen in eine ambulant betreute Wohnform umzuziehen. Im Interview sagt diese langjährige Bewohnerin eines Wohnheims: „Ich zieh hier nicht mehr aus!"[23] Dass auch dies ambivalent sein kann, ist klar. (Pädagogische) Herausforderung ist hier, zum einen die Bewohnerin ausreichend aufzuklären, sodass sie eine informierte Entscheidung treffen kann, und zum anderen diese Entscheidung dann auch zu respektieren, selbst wenn sie vermeintlichen pädagogischen Maximen entgegenläuft, zu denen das Inklusionsparadigma möglicherweise zählt. Für die Empirie ist der Fokus auf Inklusion als Praxis des Eröffnens von Teilhabemöglichkeiten dahingehend problematisch, dass sich diese schlechter untersuchen lassen als Praxen der Teilhabe oder ihr konkreter Vollzug.

### Inklusion als Kritik – ein Fazit

Schlussendlich kann festgehalten werden, dass Inklusion als Praxis der Dekonstruktion von Diskursteilhabebarrieren immer mit einem kritischen Infragestellen von Strukturen und Praxen einhergeht, die Behinderung hervorbringen. Inklusion als Kritik hinterfragt Herrschaftsverhältnisse und deren Mechanismen und hat somit „die Funktion der Entunterwerfung"[24]. Inklusion als Kritik ist ein für alle Beteiligten krisenhafter Prozess, weshalb es pädagogische, aber auch gesellschaftliche Aufgabe ist, diesen Prozess zu begleiten. Vor allem gilt es, Berührungspunkte zwischen diversen Personen zu schaffen, um Ängste und Vorbehalte abzubauen. So kann sich Inklusion in der Lebenspraxis vollziehen.

1 Trescher, Hendrik: Ambivalenzen pädagogischen Handelns. Bielefeld, 2018a, S. 44f. Trescher, Hendrik; Hauck, Teresa: Raum und Inklusion. Zu einem relationalen Verhältnis. In: Zeitschrift für Inklusion 117/2017. Verfügbar unter: https://www.inklusion-online.net/index.php/inklusion-online/article/view/432/340 (letzter Zugriff: 27.03.2020). Trescher, Hendrik; Hauck, Teresa: Inklusion im relationalen Raum. Ethnographische Sozialraumbegehungen zwischen Teilhabe und Ausschluss. In: Gabi Ricken, Sven Degenhardt (Hg.): Vernetzung, Kooperation, Sozialer Raum – Inklusion als Querschnittaufgabe. Bad Heilbrunn, 2019, S. 227–231.

2 Löw, Martina: Raumsoziologie. Frankfurt am Main, 2001, S. 158ff.

3 Ebd.

4 Ebd., S. 159.

5 Trescher 2018a, S. 41f. Trescher, Hendrik: Inklusion und Dekonstruktion. In: Zeitschrift für Inklusion 12/2018b. Verfügbar unter: https://www.inklusion-online.net/index.php/inklusion-online/article/view/411/348 (letzter Zugriff: 27.03.2020).

6 Trescher 2018a, S. 41.

7 Hartmann, Jutta: Bewegungsräume zwischen Kritischer Theorie und Poststrukturalismus. In: Bettina Fritzsche, Jutta Hartmann, Andrea Schmidt, Anja Tervooren (Hg.): Dekonstruktive Pädagogik. Wiesbaden, 2001, S. 65–84, hier S. 80f.

8 Siehe dazu Trescher 2018a, S. 28ff. Ricken, Norbert: Anerkennung als Adressierung. In: Thomas Alkemeyer, Gunilla Budde, Dagmar Freist (Hg.): Selbst-Bildungen. Bielefeld, 2013, S. 69–100, hier S. 90. Balzer, Nicole; Ricken, Norbert: Anerkennung als pädagogisches Problem – Markierungen im erziehungswissenschaftlichen Diskurs. In: Alfred Schäfer, Christiane Thompson (Hg.): Anerkennung. Paderborn, 2010, S. 35–87, hier S. 39f. Diehm, Isabell: Anerkennung ist nicht Toleranz. In: Alfred Schäfer, Christiane Thompson (Hg.): Anerkennung. Paderborn, 2010, S. 119–139, hier S. 129f.

9 Butler, Judith: Kritik der ethischen Gewalt. Frankfurt am Main, 2014, S. 34.

10 Ebd., S. 33.

11 Reckwitz, Andreas: Unscharfe Grenzen. Bielefeld, 2008.

12 Butler 2014, S. 34.

13 Trescher, Hendrik: Wahlrecht von Menschen mit Behinderungen. In: Deutsches Institut für Menschenrechte (Hg.): Die Umsetzung ausgewählter OSZE-Verpflichtungen zu Menschenrechten und Demokratie in Deutschland. Unabhängiger Evaluierungsbericht anlässlich des deutschen OSZE-Vorsitzes 2016. Berlin, 2016, S. 96–108. Verfügbar unter: https://www.institut-fuer-menschenrechte.de/fileadmin/user_upload/Publikationen/Weitere_Publikationen/Die_Umsetzung_ausgewaehlter_OSZE-Verpflichtungen_zu_Menschenrechten_und_Demokratie_in_Deutschland_Unabhaengiger_Evaluierungsbericht.pdf (letzter Zugriff: 27.03.2020).

14 Butler 2014, S. 34.

15 Ebd.

16 Ebd. Balzer/Ricken 2010, S. 68f.

17 Trescher/Hauck 2017; Trescher, Hendrik; Hauck, Teresa: Kommune Inklusiv – Sozialräume beforschen und begleiten. In: Teilhabe 57/2018, S. 156–162. Trescher/Hauck 2019.

18 Oevermann, Ulrich: Theoretische Skizze einer revidierten Theorie professionalisierten Handelns. In: Arno Combe, Werner Helsper (Hg.): Pädagogische Professionalität. Frankfurt am Main, 1996, S. 70–182, hier S. 75.

19 Trescher 2018a, S. 62.

20 Dieser Gesprächsausschnitt wurde im Rahmen der Beforschung des Projekts „Kommune Inklusiv" generiert (u. a. Trescher/Hauck 2018).

21 Trescher 2018a, S. 42.

22 Leidner, Rüdiger: Die Begriffe „Barrierefreiheit", „Zugänglichkeit" und „Nutzbarkeit" im Fokus. In: Patrick S. Föhl, Stefanie Erdrich, Hartmut John, Karin Maaß (Hg.): Das barrierefreie Museum. Bielefeld, 2007, S. 28–33, hier S. 31.

23 Dieser Interviewausschnitt wurde im Rahmen des Projekts „Wohin mit dem Wohnheim?" generiert (Trescher 2018a).

24 Foucault, Michel: Was ist Kritik. Berlin, 1992, S. 15.

smas

hthof

4:00

5.1.

elche

# Werkstattgespräch 3

# Welche Bauteile braucht die Inklusionsmaschine Stadt?

Oder ist ihre Konstruktion
eine Utopie unserer Zeit?

Bauteile, Maschine – am Anfang stand die Begeisterung für den Titel „Inklusionsmaschine Stadt". Allerdings hat der Schweizer Soziologe Peter Atteslander bereits in den 1970ern angemerkt, dass eine direkte, ursächliche Verknüpfung zwischen materiell gebauter Stadt und gewünschter sozialer Situation ein Holzweg ist, womit er Planungsutopien dieser Zeit kritisierte. Ob man sich deswegen, wie es in der Soziologie der Folgejahre geschah, gänzlich vom Raum als gebauter Realität abwenden, oder, wie im Städtebau, gänzlich von der Utopie verabschieden sollte, wird heute vielfach bezweifelt. Denn Einfluss nimmt jeder (gebaute) Raum auf das Verhalten der Menschen, indem er Verhaltensweisen begünstigen oder verhindern kann, und Utopien sind ein Lebens-elixier der Bau- und Stadtkultur.

Bauteile sind, das wird im Transformationsdesign betont, Teile von Systemen. Ein Beispiel: Inklusion in der Stadt ist bezogen auf den Autoverkehr sehr gut gelungen. Heute unvorstellbar ist der Umfang der Mittel, die dafür aufgewendet wurden. Allerdings dient der Autoverkehr nur bedingt dazu, die Teilhabe aller zu fördern. Daher muss genauer geklärt werden, welche Maschine die Stadt eigentlich ist. Nur so können Bauteile identifiziert wer-den. Das allzu maschinistische Denken hinter der Utopie einer Inklusionsmaschine Stadt entpuppt sich dabei als viel realer, als zunächst vermutet. Viele Erfindungen beruhen auf der Idee, mit bestimmten Produkten Probleme endgültig lösen zu können. Im Einzelfall ist das richtig und notwendig. Jedoch lässt die Utopie der technischen Lösung sich nicht auf die Stadt als Gesamtes übertragen. Sogenannter Fortschritt wird zum Selbstläufer, das eigentliche Thema – wie wir in Zukunft leben und zusammenleben wollen – wird vollständig verfehlt, denn Stadt ist ein Prozess, der durch Konflikte und Aushandlungen geprägt ist: Die Stadt ist eben-so Inklusionsmaschine wie Differenzmaschine und gerade durch dieses Zusammenspiel besonders erfolgreich.

In diesem Zusammenhang bietet der Katalysator ein besseres Bild, weil er auf Umwandlungsprozesse verweist. Er bietet Ober-flächen, auf denen diese Umwandlungsprozesse stattfinden kön-nen. „Bauteile" sind Menschen, die Erfahrungen sammeln und in Kontakt stehen. Das Ergebnis ist Entschleunigung, Widerspruch und ein Recht auf Ineffizienz und Zufall. Behinderung und Kunst vermählen sich in diesen Begriffen. Behinderung ist widersprüch-lich, weil sie gleichzeitig behindert und ermöglicht, dadurch einen polaren Gegensatz erzeugt, der Quelle von Kreativität und Kunst sein kann. Plötzlich wird ein „Bauteil" identifiziert: Kunst und Kultur in der Stadt können Katalysatoren sein. Kunst sollte idealerweise sichtbar machen, was anders ist, und Freiräume schaffen, um zu provozieren. Provozieren im Sinne von über etwas stolpern, ins Stocken geraten lassen. Diese Wörter verheißen bereits, wie es ist, wenn aus der Utopie Inklusion Wirklichkeit werden soll: mühevoll. Statt uns auf eine Maschine zu verlassen, die alles für uns regelt, sollten wir als Individuen und als Gesellschaft diese Mühen sofort aufnehmen, denn eine inklusive Stadt ist in jedem Fall eine Bereicherung.

**Ausschnitte aus dem Gespräch mit**

**Maximilian Dorner** (M.D.) Autor, Regisseur, Kulturreferat Landeshauptstadt München

**Saskia Hebert** (S.H.) Architektin, Transformationsdesignerin, Hochschule für Bildende Künste Braunschweig

**Karl R. Kegler** (K.K.) Bauhistoriker, Stadt- und Architekturtheoretiker, Hochschule München

**Susann Ahn** (S.A.) Moderation

# Mitbringsel

S.H.: Ich habe ein Bild vom „Mehrpersonenkleid" mitgebracht. Es zeigt eine Stoffhülle, in der verschiedene Menschen
stecken, die aushandeln und erproben müssen, wie man
sich in diesem Kleid bewegen kann. Es ist kein Hilfsmittel der
klassischen Art, das Defizite behebt, sondern es ist eher ein
„Behinderungsinstrument", aber auch ein gestaltetes Artefakt.
Ich nutze das Bild gerne als Metapher für eine Situation,
in der Menschen eine Art Schicksalsgemeinschaft eingehen
und sich in eine gegenseitige Abhängigkeit mit anderen
Leuten begeben. (…) Beim Thema Inklusion geht es meiner
Meinung nach darum, dass alle viel flexibler in ihren Zugängen
zur Stadt sein müssen. Es geht darum, anzuerkennen, dass
die Stadt sehr viele unterschiedliche Menschen umfasst, so
wie dieses Kleid. Denkt man das Thema von dieser Seite aus,
wird es eine unglaublich spannende Aufgabe.

S.A.: Das Kleid verursacht Zwänge,
bringt aber auch die Chance, Kontakt
zu haben. Im Kleid sind alle gleich.
Man sieht keine Hierarchie, die Situation
ist für alle gleich.

S.H.: Ja, und das Kleid ist auch ein modisches Accessoire: Es kleidet mich,
und so wie ich mich kleide, werde ich von anderen wahrgenommen. Vielleicht ist
das Gefühl, dieses Kleid zu tragen, dem Gefühl derer, die Hilfsmittel brauchen,
um von A nach B zu kommen, gar nicht so fremd. (…)

K.K.: Ich wollte die Inklusionsmaschine mitbringen, die war
aber zu groß und hat auch noch nicht einwandfrei funktioniert
(…), also habe ich diesen Aufkleber mitgebracht. Ich habe
ihn am Mittwoch von einer Münchner Ampel heruntergezogen
(…). Darauf steht: „Liebt Dich Deine Stadt?" Es ist eine
Initiative in München, die sich für saubere Luft einsetzt. Das
hat mit Inklusion erstmal gar nicht so viel zu tun, doch ich
fand die Frage gut. (…) In unserer Gesprächsrunde geht es
zwar nicht um Liebe, sondern um Fürsorge, Verantwortung,
Respekt und Nachdenken. Liebe kann man nicht einfordern,
Inklusion schon. (…) Auf der anderen Seite: Damit Inklusion
stattfindet, muss man sich Gedanken machen und man

braucht Initiativen, so wie diese. Am Ende haben alle etwas davon. Eine inklusive Stadt – ähnlich einer Stadt mit besserer Luft – ist nicht nur für wenige Gruppen lebenswerter, sondern für alle eine bessere Stadt.

S.A.: Schönes Statement: Wir lieben uns alle (lacht). Doch man fragt sich, wie kann es in der Realität umgesetzt werden?

K.K.: Was man an unserer Fakultät (für Architektur) lernt, ist: nachdenken, gute Referenzen finden, Standards kennenlernen (…). Und um diese Themen geht es auch bei Inklusion. Wir als Architekt*innen beschäftigen uns darüber hinaus damit, dass eine Stadt auch etwas Schönes sein soll. Ästhetik spielt eine Rolle, der schöne alltägliche Gebrauch. Das bedeutet, dass man ein Mehr hat, wenn man jeden Tag mit einer bestimmten räumlichen Situation oder einem bestimmten Gegenstand umgeht. Und diese Vorstellung lege ich jetzt in diesen Slogan hinein, den ich von anderer Seite „gestohlen" habe.

S.A.: Du sprichst eine wichtige Sache an: den schönen alltäglichen Gebrauch. Gestaltung kann Lust darauf machen, Sachen zu benutzen, natürlich sollten sie auch funktionieren. Max, wie siehst du das? Du hast uns heute auch etwas mitgebracht?

M.D.: Ja, ich wollte genau da anknüpfen und weise auf meinen Rollstuhl als Mitbringsel hin, im Wissen darum, dass gerade Nicht-Rollstuhlfahrer selten Rollstühle als gestaltete Gegenstände wahrnehmen – eigentlich nie. Und dabei ist es ein Statement: In welchem Rollstuhl sitzt man, wie sitzt man im Rollstuhl. Am Beispiel von meinem Rollstuhl möchte ich Lust darauf machen, sich Rollstühle anzugucken. Man sieht an der Gestaltung sehr viel, auch die Verschämtheiten. Die Verschämtheit hinzuschauen zum Beispiel ist eine, die im Produkt selbst liegt. Man muss lange nach gutaussehenden Rollstühlen suchen. Und man muss es geradezu einfordern, dass man nicht irgendeinen Rollstuhl möchte, der den medizinischen Erfordernissen genügt, sondern auch noch einen, der zu einem passt. In meinem Fall war es ein klares Statement. Der Rollstuhl muss auch für mich gut aussehen. Mir war das sogar wichtiger beim Kauf als gesundheitliche Aspekte. Das hat auch manche Nachteile … Ich könnte jetzt über diesen Rollstuhl eine Vorlesungsreihe machen, weil es sehr spannend ist. (…) Es geht um das Design, um seine Schwächen, über die spreche ich jetzt nicht im Detail. Aber dieser Rollstuhl hat, obwohl er viel Geld kostet, unglaublich viele Schwächen, die man kennenlernt, wenn man ihn täglich benutzt. (…)

Ich habe auch einen Text mitgebracht, damit Sie hören, wie dieser Rollstuhl beworben wird: „Vielseitig, aktiv, modern. Modernes Design und ein offener Rahmen. Der Rollstuhl vereint maximale Flexibilität mit den Vorteilen eines Stahlrahmenrollstuhls. Dabei bietet er eine Optionsvielfalt, die nahezu keine Wünsche offenlässt. Maximal anpassbar ist er damit ideal für Nutzer, die ihr Fahrvermögen weiterentwickeln oder aktivere Anforderungen an ihren Rollstuhl haben." – Man kann das gar nicht lesen, ohne selbst zu grinsen. Nach was es schreit, ist: Wenn du den kaufst und benutzt, bist du super sportlich, aktiv, wirst dein Fahrvermögen noch steigern und neue Anforderungen an diesen Rollstuhl haben. Die einzigen Hilfsmittel, die akzeptiert sind, sind die sportlichen Hilfsmittel, die einen noch wettbewerbsfähiger machen oder die zeigen: Man ist im Wettbewerb. (…) Behinderung bedeutet hingegen, dass man etwas nicht kann. Man kann es kompensieren und ich bin, gerade wenn es bergab geht, schneller als Sie alle. (…)

Man macht sich sehr sichtbar: Der Rollstuhl wird immer gesehen und daher ist für mich das Thema Aussehen des Rollstuhls eminent wichtig. Wenn wir jetzt das Thema Bauteile betrachten, ist für mich wichtig, dass Ästhetik und Design in diese Bereiche Einzug halten müssen.

S.A.: Du beschreibst den Widerspruch des Anpreisens einer Fahrdynamik gegenüber dem Stigma, der dem Gegenstand Rollstuhl anhaftet. Das ist sehr spannend. Die Wenigsten von uns, denke ich, haben einen Rollstuhl schon einmal als Designobjekt angeschaut. Wie müsste man aus einer Designhaltung heraus solche Bauteile entwickeln? Gibt es hier Bezüge zur Stadt? Beschäftigt man sich als Transformationsdesignerin mit diesen Themen?

S.H.: Transformation Design entwickelt nicht unbedingt Produkte, sondern fragt nach Systemen – was im Zusammenhang mit Inklusion auch besser passt. Es muss gestaltete Produkte geben, aber ein Produkt funktioniert immer in einem System. Dein Rollstuhl muss geeignet sein für glatte Straßen, für Kopfsteinpflaster und vieles mehr. In der Stadt gibt es Bordsteine und Abgrenzungen, die aus einer ganz anderen Logik kommen, zum Beispiel der Logik des Verkehrs, der ja momentan so funktioniert, dass ich erst ein bestimmtes Fortbewegungsinstrument privilegiere (in unserem Fall das Auto) und dann alle anderen Verkehrsteilnehmer*innen vor diesem schütze (indem ich Bordsteinkanten und Querungsmöglichkeiten anbringe). Das ist letztlich eine Infrastrukturfrage: So, wie der Zug zur Schiene, muss der Rollstuhl zu den Wegen passen, die du zurücklegst – und umgekehrt. Betrachtet man genau, wozu der Rollstuhl passt, kann man daraus sehr viele städtebauliche Aspekte ableiten, nicht nur die Bordsteine, sondern auch Beläge oder Zugänge.

Ich finde es total wichtig, dass man beim Thema Inklusion auch über Exklusion spricht. Wir Architekt*innen bauen Wände von Häusern, um eine Schutzfunktion zu erzielen, aber grenzen immer auch Dinge aus, indem wir andere eingrenzen. Die Bauteile, die ich als erstes im Kopf hatte, als ich mich auf das Werkstattgespräch vorbereitet habe, waren Türen und Brücken. Wie Georg Simmel in seinem Text „Brücke und Tür" von 1909 ausführt, macht es keinen Sinn, etwas zu verbinden, was nicht getrennt ist: Die Brücke kann auch die Form einer Rampe annehmen und die Tür kann ein Fenster sein. Aber tatsächlich geht es darum, Verbindungen herzustellen und Medien der Verbindung.

M.D.: Es wundert mich immer. Der einzige Bereich, wo Städtebau und Inklusion wirklich wunderbar funktionieren, ist der Autoverkehr. Mit einem Auto kommt man überall hin, wo eine Straße ist, für den Rollstuhlfahrer kann ich ihnen Tausende Problemstellen zeigen. Ich sehe es auch aus Prinzip nicht ein, dass ich immer auf dem Bürgersteig fahre. Straßen sind für einen Rollstuhl viel angenehmer! (…) Festzuhalten ist: Für das Auto funktioniert die Inklusionsmaschine Stadt und für den Rollstuhl oder den Kinderwagen nicht.

# Katalysator als Metapher für die Stadt

K.K.: Ich möchte noch einmal zurück auf die Ausgangsfragestellung kommen. Bei dieser Frage geht es um bestimmte Bauteile und um die Inklusionsmaschine Stadt. Wenn man die Stadt mit einer Maschine vergleicht, ist das Ausdruck für eine Art mechanistisches Denken. Natürlich wurde diese Formulierung bewusst so gewählt, um Reaktionen zu erzeugen. Worüber wir reden, ist eine Metapher. Es geht um den Vergleich von Stadt und Maschine: Die Stadt als Maschine erfüllt eine Funktion und heraus kommt dann im besten Fall die Inklusion wie ein Produkt. Darüber kann man nachdenken, dem kann man aber auch widersprechen. Die Stadt als Maschine zu begreifen, ist ein Denken in technischen Begriffen. Für mich sagt dieses Denken auch etwas über die Mechanismen und Gewohnheiten aus, wie man mit Behinderungen umgeht: Behinderung wird gedacht als ein Defizit – und dann nimmt man ein technisches Hilfsmittel und schon funktioniert alles wieder. Man hört schlecht und hat ein Hörgerät oder man hat eine psychische Krankheit, nimmt ein Medikament und ist wieder in einem Normalzustand. Das Produkt, das die Inklusionsmaschine erzeugt, ist – wenn man dieser Vorstellung folgt – eine Gesellschaft, die gemäß einer Norm funktioniert. Doch das ist eben nicht, was eine Stadt leistet. Man kann nicht einfach an einer bestimmten Stelle ein bestimmtes Bauteil oder ein Bausystem installieren und dann bekommt man alles nach Norm geregelt.

Auf der anderen Seite finde ich es trotzdem spannend, einmal darüber nachzudenken, was für eine Art Maschine die Stadt als Inklusionsmaschine denn eigentlich wäre. Wäre sie eine Art Fließband? Oder ist sie vielleicht eine Abrissmaschine? Oder ein gigantischer Mixer? Man könnte als Hilfe zum Nachdenken auch fragen: Welche Bauteile brauchen wir? Das Ergebnis dieses Nachdenkens kann dann sein, dass es genau so nicht funktioniert. Beispielsweise brauchen wir jetzt nicht irgendein „Bauteil 7", wie eine Schule, eine Fortbildung oder ein Trainingslager, das in München eingebaut wird, um Inklusion zu erzielen.

Ich denke, dass für das Phänomen Stadt die Metapher des Katalysators viel besser passt. Sie kennen das alle vom Auto: Der Dreiwegekatalysator reinigt die Abgase, indem er durch seine Geometrie chemische Prozesse ermöglicht, die das Kohlenmonoxyd und die Stickstoffoxyde und die nicht verbrannten Treibstoffreste im Abgas in Stoffe umwandeln, die nicht schädlich sind. Das hat mit chemischen Prozessen zu tun, aber auch mit den Oberflächen, an denen diese Prozesse stattfinden. Der Katalysator besteht aus einem sehr porösen Material, das viele Oberflächen anbietet. Dort kommen die Stoffe für den Umwandlungsprozess zusammen. So stelle ich mir auch den Inklusionskatalysator Stadt vor. Man sollte ihn als Raum, in dem Prozesse stattfinden, begreifen.

M.D.: Ich fand das jetzt spannend! Als Sie sagten, Sie hätten ein neues Wort, nämlich Katalysator, war meine erste Reaktion: Nein, will ich nicht! – Warum auch immer, meine erste Assoziation mit Katalysator war Beschleunigung. Doch als Sie es erklärt haben, fand ich es sehr gut, weil es darum geht, Formen zu finden, die nicht beschleunigen, sondern Kontakt ermöglichen, vielleicht sogar durch Entschleunigung. Das ist genau der Vorteil, den Inklusion bringen könnte: Entschleunigung. Ich habe es jetzt schon mehrfach gehört, eine

Behinderung bremst einen aus. Nicht zufällig verwenden wir das Wort „Behinderung" auch im Verkehrswesen: „Staus und Behinderungen" – etwas wird entschleunigt.

Auch die Lebenserfahrung ist, dass mit Behinderung alles länger dauert, alles ein bisschen schwieriger ist und man auch noch – metaphorisch gesprochen – ausgebremst wird: Karriere, Geld, wo man wohnen kann – alles Mögliche wird ausgebremst. Diese Erfahrung macht man und gleichzeitig habe ich auch schon Leute getroffen, die gesagt haben: „Wie gut, dass auch mal etwas zwangsweise entschleunigt oder ausgebremst wird." Inhaltlich gefällt mir der Begriff „Katalysator" ganz gut, obwohl ich ihn auch sehr technisch finde. Ich denke eher an natürliche Bilder: Flussauen oder Auenlandschaften. Durch die Begradigung sind die Flüsse früher beschleunigt worden. Jetzt gibt es den Versuch, den Flüssen wieder ein Bett zu geben, sie zu renaturieren und zu entschleunigen.

# Differenzmaschine

S.H.: Auch ich bin skeptisch gegenüber der Haltung, Technik oder Maschinen könnten Probleme wie Inklusion für uns richten. Wir können das nicht delegieren: Es sind die Menschen, die Erfahrungen machen können und diese in ihre eigene Lebenswelt integrieren. Meiner Meinung nach ist die Stadt ein ambivalentes Konstrukt, das einerseits als „common ground" fungiert – der gemeinsame Grund, der für alle da ist und den alle irgendwie aushandeln müssen. Auf der anderen Seite ist Stadt eine Differenzmaschine, was genau das Gegenteil wäre von der Inklusionsmaschine: Stadt produziert auch Unterschiede, die man wiederum aushalten muss.

In der Stadt sind Leute unterschiedlicher, als sie es auf dem Dorf wären, weil sie ihre Individualität ausleben können (...), ob man jetzt eine Behinderung hat oder einen Migrationshintergrund oder sonst irgendwie „anders" ist und von der vermeintlichen Norm abweicht. Ich denke, dass wir von solchen normierten Vorstellungen und von der Idee, dass alles gut werden kann, absehen müssen. Wir sollten uns darüber unterhalten, wie man das lösen kann, was nicht perfekt ist, was nicht funktioniert und was Konflikte im Alltag hervorruft. Lösungen zu suchen, betrifft alle. Wir sitzen alle in diesem Boot und müssen mithelfen. Ich würde gerne an ein eigenes „commitment" (Verpflichtung und Engagement) appellieren. Das wird vielleicht unbequem und man muss aus der Komfortzone raus, aber ich finde es wichtig, dass wir dazu alle eine höhere Bereitschaft haben und nicht sagen: „Das sollen doch bitte die anderen machen, die sollen sich die Maschine ausdenken und dann muss ich mich nicht kümmern!"

M.D.: Es wird jetzt niemanden verwundern, denn Sie haben am Anfang gehört, dass ich im Kulturreferat arbeite, aber ich halte die Kunst für den Katalysator, den eine Stadt braucht und den sie hat. Ein funktionierendes Kultursystem in einer Stadt ist das zentrale Element, denn nur dort, in Kunst und Kultur, haben wir uns den Freiraum geschaffen, das Unvereinbare, das Stadt und Behinderung innewohnt, die Widersprüche, das Unfertige, das Nicht-Perfekte oder Anders-Perfekte zu verhandeln, anzuschauen und auszuprobieren. Dadurch kann man erkennen, was anders ist. Ich halte die Kunst für einen Weg, mit Behinderung umzugehen. Das mag Provozieren, was meint: innezuhalten, über etwas zu stolpern – und genau das ist auch Behinderung.

S.H.: Und so muss es in einer Stadt auch verschiedene Räume geben, zum Beispiel für Künstler*innen, die sich teure Mieten nicht leisten können. Inklusion heißt auch, es muss leistbar sein, es muss zugänglich sein. Es muss Stadt für alle geben. Ich möchte noch einmal rauszoomen: Ja, Bauteile sind gut, aber es muss auch ein Verständnis für das Ziel geben. Eine Übereinkunft, zu welchem Nutzen man diese (Inklusions-)Maschine eigentlich haben will. Ich denke, es ist total wichtig, dass man sagt: „Es geht nicht nur um Menschen mit Behinderungen, es geht nicht nur um Menschen, die aus anderen Ländern kommen und andere Sprachen sprechen, sondern wir sind alle irgendwie sonderbar und gehören trotzdem dazu, und das ist gut so." Das ist ja der Gedanke bei der Inklusion: Jede*r ist auf eine Art speziell und kann mitmachen, und das ist unglaublich aufwendig und für alle mehr Arbeit, von der letztlich aber alle profitieren. Also ich glaube, insofern ist das auch wirklich die Sache wert.

M.D.: Ja, das ist eine ganz wichtige Erkenntnis: Nicht nur von Inklusion träumen, sondern auch bereit zu sein, dafür etwas zu investieren. Inklusion ist keine Selbstläuferin. Das finde ich als Erkenntnis total wichtig, für sich selbst, aber auch für die Gesellschaft. Wir werden diese Inklusion nicht hinkriegen, ohne dass wir nicht alle sehr viel investieren.

Andrea Benze

Karl R. Kegler

Maximilian Dorner

Saskia Hebert

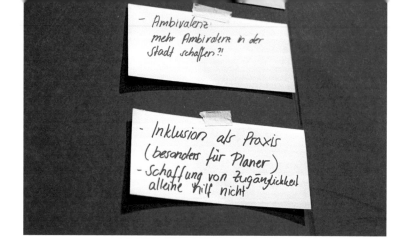

- Ambivalenz:
mehr Ambivalenz in der
Stadt schaffen ?!

- Inklusion als Praxis
( besonders für Planer )
- Schaffung von Zugänglichkeit
alleine hilf nicht

# Was heißt hier Bereicherung?

# Behinderung und Kultur

1                              **Kunst und Behinderungen**

Wie schön der menschliche Körper gerade in seiner Zerbrech-
lichkeit ist, blieb Jahrhunderte lang unbemerkt. Erst im
19. Jahrhundert fragte man sich, ob die Torsi der Antike, all
die Statuen mit fehlenden Gliedmaßen, nicht gerade wegen
ihrer Unvollkommenheit schön seien. Allmählich bekam der
Mangel, die Abweichung von der Norm einen eigenen Wert
zugesprochen. Dadurch wurde Kunstproduzierenden wie
-rezipierenden bewusst, dass das „Anormale" vom „Normalen" nicht zu trennen ist. Behinderungen sind Teil jedes
Lebens. Jeder Mensch wird im Lauf des Lebens, spätestens
im fortgeschrittenen Alter, mit körperlichen, seelischen oder
geistigen Einschränkungen konfrontiert. Sei es eine der Sinne,
der Mobilität, des Denkens – oder aber Verformungen der
Seele. Es gibt keinen freieren Raum als die Kunst, um sich
darüber klar zu werden und zu erkunden, wie diese Einschränkungen unseren Blick auf andere und uns selbst verändern.
Um so herauszufinden, was sie uns geben, indem sie uns
etwas nehmen.

Viel zu lange hat es gebraucht, eigentlich bis zum Ende
des zweiten Jahrtausends, bis sich die Einsicht durchgesetzt
hat, dass auch Behinderungen nicht nur ein Defizit darstellen,
sondern etwas freisetzen. Jede Behinderung eröffnet einen
Perspektivwechsel, schmerzhaft und widersprüchlich, aber
eben auch bereichernd. Genau dieser Perspektivwechsel
hebt Kunst von Unterhaltung ab, indem Erfahrungen ästhe-
tisch transzendiert werden.

Die Kunst in all ihren Spielformen hat sich schon immer
mit dem anderen, dem Fremden beschäftigt, es sich zu eigen
gemacht. Gerade weil die Existenz Kunstschaffender selbst
meist eine am Rand der Gesellschaft war: materiell bedroht,
unverstanden von den Mitmenschen. Das Werk aus Entbeh-
rungen hervorgegangen, dem Leben abgetrotzt.

Kunst und Behinderung – wenn man den Begriff entsprechend weit fasst – gehören unauflösbar zusammen, und das
auf mehreren Ebenen: Kein*e Künstler*in, die/der nicht mit
dem eigenen Leib den Gefährdungen eines zerbrechlichen
Körpers ausgeliefert ist. Seien es die seelischen Verwerfungen eines äußerst labilen Vincent van Gogh oder die körperlichen Einschränkungen des ertaubenden Beethoven oder
des an ALS erkrankten Jörg Immendorf oder einer Frida
Kahlo, die durch Kinderlähmung und einen schweren Unfall
zeitlebens behindert war.

Diese Auseinandersetzungen mit dem eigenen Körper
finden wiederum ihren Eingang in die Kunst, sei es bewusst

oder unbewusst. Die Abweichung von der Norm spielt spätestens seit der Moderne eine zentrale Rolle, sei es bei den Kriegskrüppeln eines Otto Dix oder den verzogenen, verschwimmenden Körpern eines Francis Bacon.

Behinderung hat immer etwas mit Freiheit zu tun, gerade weil der Kampf um Autonomie oft unglaublich viel Energie verschlingt und unablässig scheitert. Man muss sich zum eigenen Körper verhalten, zu seinen seelischen, geistigen und physischen Begebenheiten. Behinderung ist deshalb unhintergehbarer Teil jeder Identität – und jeder Kunst.

2          **Widersprüche als Quelle des Kreativen**

Behinderung setzt Widersprüche frei: zwischen Autonomie und Hilfsbedürftigkeit, Stärke und Schwäche. Jeder Mensch mit Behinderung ist gleichzeitig Held*in und Opfer. Dagegen anzukämpfen bindet mehr Energie als sie anzuerkennen, auch wenn das manchmal schwerfällt. Denn diese Widersprüche lassen sich nicht auflösen.

Schon ein Rollstuhl ist ein materialisierter Widerspruch, steht doch ein Stuhl als Sinnbild für Immobilität. Man sitzt und bewegt sich eben nicht. Daran das Sinnbild für Mobilität, nämlich Räder, zu montieren, inszeniert das Vereinbare des Unvereinbaren. Mehr Widerspruch geht eigentlich nicht, und dennoch wird er nicht als solcher wahrgenommen.

Auch jede künstlerische Äußerung von Künstler*innen mit Behinderung bewegt sich in einem Dilemma: nämlich in der Sehnsucht, das Besondere der Behinderung vergessen zu machen und gleichzeitig darauf hinzuweisen. Also nicht über die Behinderung definiert zu werden und sie gleichzeitig als elementar zu inszenieren. Sie ist Teil von einem und gleichzeitig nicht.

Widersprüche gehören konstitutiv zu inklusiver Kunst. Es gilt, diese Triebfeder der Inklusionsmaschine sichtbar und unsichtbar zugleich zu machen. Jede Stadt benötigt sie elementar.

3          **Entwurf einer Ästhetik inklusiver Kunst und Kultur**

Kunst ist der zentrale Ort, um sich mit den eigenen Beschränktheiten und denen der Gesellschaft auseinanderzusetzen. Die Kunst steht nicht unter so existenziellem Druck, wie er im Bereich des Sozialen und in der Gesundheitsversorgung vorherrscht. In der Kunst lassen sich die diversesten Positionen ausprobieren und austesten. Gerade weil Scheitern und Gelingen in der Kunst unauflösbar miteinander verknüpft sind.

Inklusive Kunst ist ein herausgehobener Ort des Unangepassten, des Querlaufenden, der Entschleunigung. Behinderung ist Rebellion gegen das Normierte, das Optimierte. Der behinderte Körper gebiert eine andere Ästhetik. Gerade bei sichtbaren Behinderungen führt sie beispielsweise zu einer existenziellen Körperlichkeit. Die Behinderung drängt sich immer mit ins Bild, mit auf die Bühne. Man kann ihr nicht ausweichen – weder auf der Bühne noch im Zuschauerraum. Man muss sich irgendwie zu ihr verhalten. Der Rollstuhl verschwindet nicht.

Inklusive Kunst ist ein Zerrspiegel des plakativ Schönen. Sie bildet nicht naturalistisch gesellschaftliche Wirklichkeit ab, sondern verfremdet und formt neu. Behinderungen bereichern das ästhetische Spektrum um genau diese Perspektive.

Spricht man mit Theaterleuten über Behinderung, leuchten irgendwann die Augen auf. Berührt erzählen sie von ihrer inspirierenden Zusammenarbeit mit dem verstorbenen Theatermacher Christoph Schlingensief. Er ist der Albert Einstein der Theaterleute, der Schutzpatron inklusiver Kunst. Obwohl er Freaks – also Menschen, die normalerweise nicht im klassischen Kulturleben auftauchen; einer seiner Produktionen gab er den Titel „Freaks 3000" – um sich scharte, gelang ihm der Balanceakt, dies in vollkommen etablierten Kulturorten zu tun und diese damit zu verwandeln. Immer, wenn man sich auf jemanden berufen möchte, dann auf ihn. Und alle erzählen mit wohligem Gruseln, wie wohl er sich inmitten geistig Behinderter gefühlt habe. Dass sie selbst es nicht täten, heißt das natürlich auch.

Doch schon mehr als hundert Jahre früher gab es nicht nur in Sideshows Behinderungen auf der Bühne zu sehen, auch wenn man damals viel unternahm, um diese zu übersehen. Die Schauspielerin Sarah Bernhardt war Ende des 19. Jahrhunderts eine der ersten gefeierten Künstlerinnen mit (nicht trotz!) Behinderung, die sich die großen Bühnen schon vor der Einschränkung erobert hatte. Und diese auch mit Prothese behauptete, auch wenn niemand etwas von ihrem Holzbein wissen sollte. Diese Prothese bekam sie, als der über Sechzigjährigen der rechte Unterschenkel amputiert werden musste. Dennoch oder vielleicht gerade deshalb spielte sie im Ersten Weltkrieg für die französischen Soldaten an der Front. Dass sie sich von nichts abhalten ließ, beeindruckt besonders. Und dass sie sich gezeigt hat, sich nicht versteckt hat. Darum geht es auch heute: Behinderungen nicht zu verstecken, sondern auszuagieren.

Es spricht viel dafür, inklusive Kunst deshalb als Avantgardebewegung zu verstehen. Indem die Beschränkungen direkt oder indirekt thematisiert werden, werden Begriffe der klassischen Ästhetik, wie „Schönheit" oder noch staatstragender „Erhabenheit", neu definiert. Und somit aus den festgefahrenen Konventionen herausgelöst.

Diese befreite und freisetzende Kraft mancher behinderter Künstler*innen wird besonders bei Künstler*innen mit geistiger Behinderung sichtbar. Ihre Kraft liegt in der radikalen Gleichgültigkeit gegenüber der Selbstreflexion und der Verweigerung der Teilhabe am Kunstbetrieb. Nicht die Rezension im Feuilleton ist für sie der Motor, sondern die Möglichkeit, überhaupt wahrgenommen zu werden.

Auch dieses irritierende Moment, das latent Verstörende, macht inklusive Kunst zur Avantgarde – und damit zur Triebfeder künstlerischer Entwicklung.

**4**          **Inklusive Kultur in der Stadt**

Jede künstlerische Äußerung braucht einen Resonanzraum. Sie muss sichtbar sein, um wahrgenommen zu werden. Dies gilt besonders für die Partizipation marginalisierter Gruppen.

Behinderung birgt ein enormes ästhetisches Potential, das allerdings nur zu entfalten ist, wenn es den benötigten Raum zugestanden bekommt – im buchstäblichen wie übertragenen Sinn. Behinderungen verschließen oft Möglichkeiten. Eine weitsichtige Kulturpolitik sollte hier ansetzen und Möglichkeiten zur Entfaltung aller durch gezielte Förderung öffnen.

Zentrale Herausforderung gerade für Künstler*innen mit angeborener Behinderung ist die Ausbildung in kreativen Berufen. Um beispielsweise als Schauspieler*in erfolgreich zu sein, muss man auch die Möglichkeit haben, das Handwerk der Schauspielerei zu erlernen.

Die inklusive Kunst gelingt nur über die Aneignung von Räumen. Die Bewegung geht dabei von der Peripherie ins Zentrum, raus aus den Behinderteneinrichtungen über die Stadtteilhäuser in die subventionierten Orte der Hochkultur der Innenstadt. Dass dies nicht ohne Widerstände gehen wird, ist offensichtlich. Aber das Thema Behinderung ist viel zu zentral, um es nicht im kulturellen Herzen einer Stadt zu verhandeln.

**5**          **Wie kann eine Stadt dies ermöglichen? Das Beispiel München**

In München wird seit 2015 Inklusion als Erweiterung der kulturellen Vielfalt der Stadt mit all ihren zusätzlichen Erfordernissen durch das Kulturreferat nachdrücklich gefördert. Dies geschieht vornehmlich dadurch, dass Künstler*innen mit Behinderung sowie inklusiv besetzte Gruppen mithilfe gezielter finanzieller Unterstützung und Beratung ihre Projekte umsetzen können. Flankiert wird es durch ein jährliches Festival, Kunstwerkstätten und runde Tische der Akteur*innen in den einzelnen Sparten. Ein besonderes Augenmerk liegt auf der Vernetzung der Akteur*innen untereinander. Kunst entsteht nicht im luftleeren Raum oder in abgeschlossenen Einrichtungen, sondern im Austausch, in der Reibung mit der Umwelt.

Die größte Herausforderung in einer Stadt wie München, die schneller wächst als sie darüber nachdenken kann, ist es, Räume für die Kunst zu finden oder gar zu schaffen – seien es Werkstätten, Ateliers, Ausstellungsräume, Proben- und Aufführungsräume oder andere. Diese müssen natürlich auch für alle zugänglich sein, sowohl für die Zeit der Konzeption als auch für die Realisierung und Präsentation. Barrierefreiheit ist die zentrale Voraussetzung für alles, und schon dabei hängt das Ganze oft trotz aller Bemühungen fest. Bestimmungen des Brand- und Denkmalschutzes kommen meist noch erschwerend hinzu.

Als besonders erfolgreich haben sich Formate erwiesen, die eine gesteigerte Aufmerksamkeit versprechen: sei es auf dem Laufsteg einer inklusiven Modenschau, bei einer Open Stage in den Münchner Kammerspielen oder einer Gala im Münchner Volkstheater; oder einer Ausstellung nach einem inklusiv offenen Atelier; oder einem Festival für alle. An Ideen für die unterschiedlichsten Formate mangelt es nie.

Es hat sich bewährt, wenn Inklusion spartenübergreifend gelebt wird – durch Akteur*innen mit und ohne Behinderung, mit und ohne Migrationsgeschichte, quer durch die Altersstufen, Geschlechter und Geschlechtsidentitäten. Inklusion in der Kunst ist gar nicht mehr anders denkbar als intersektional. Sie ist gelebte Diversität.

6 **Bereicherung**

Vor zehn Jahren, genauer am 26. März 2009, trat in Deutschland die UN-Behindertenrechtskonvention in Kraft – ganz nebenbei sei bemerkt, dass man diese auch als Nicht-Jurist*in gerne liest. Sie deckt alle Lebensbereiche ab, auch Kunst und Kultur. In Artikel 30 heißt es dazu: „Die Vertragsstaaten treffen geeignete Maßnahmen, um Menschen mit Behinderungen die Möglichkeit zu geben, ihr kreatives, künstlerisches und intellektuelles Potenzial zu entfalten und zu nutzen, nicht nur für sich selbst, sondern auch zur Bereicherung der Gesellschaft." Die eigentliche Revolution liegt in einem einzigen Wort: Bereicherung. Es ist eben kein Gnadenakt, Behinderte mitspielen zu lassen, sondern erweitert das künstlerische Spektrum fundamental. Dies bleibt allerdings solange Behauptung, als diese Bereicherung nicht in der Praxis eingelöst wird, durch Scheitern wie Gelingen. Denn gerade das Imperfekte kann ja, wie an den Torsi gezeigt, seine eigene Schönheit entfalten.

Das Möglichmachen inklusiver Kunst, also die von Menschen mit Behinderungen angereicherte und bereicherte Kunst, ist kein Gnadenakt. Es geht nicht darum, Behinderte auch mitspielen zu lassen, sondern darum, die Wahrnehmung zu schärfen, wie ein anderer Blick, ein anderer Körper, andere Ausdrucksweisen die Sprachen der Kunst erweitern. Und dafür braucht es Gelegenheiten, um sich auszuprobieren, Zeit und eben auch Geld. Und natürlich zunächst einmal die Möglichkeit, diese Räume überhaupt betreten zu können.

Bei allen Herausforderungen und Beschränkungen, die Behinderungen einem Menschen aufnötigen, bleibt die Kunst ein Hort des Uneindeutigen, des Widersprüchlichen und des Widerständigen. Sie ist geschützter Raum wie ungeschütztes Abenteuer. Sie lässt sich nicht vereinnahmen. Behinderungen gehören in die Kunst, weil sie sich eben nicht auflösen lassen. Sie kennen kein richtig oder falsch, nichts Gerades; nur Umwege, Mehrdeutigkeit, Tasten.

Alles ist eine gemeinsame, fortgesetzte
Anstrengung: Inklusion eben.

### Mitbringsel

Mein Mitbringsel nehme ich zwangsläufig überall hin mit:
den Rollstuhl. Ehrlich gesagt habe ich ihn vor ein paar Jahren
ausschließlich wegen des Designs ausgesucht: ein Sopur
Argon Zwei mit Carbon-Seitenblechen. Der Rollstuhlfachver-
käufer und meine Schwester, die sich sofort auf seine Seite
geschlagen hat, wollten mir neonfarbige kleine Räder auf-
schwatzen. Das sehe irgendwie pfiffig aus, meinten sie. Natürlich bestand ich auf durchgängiges Schwarz, schließlich
bin ich Künstler. Und die Katzenaugen an den Rädern habe
ich auch sofort entfernt und entsorgt – gegen alle Einsprüche.
Aber ich bin nun mal Mitte vierzig und kein Grundschulkind
auf dem Weg zur Schule.

Über meinen Rollstuhl könnte ich locker zwei Stunden
monologisieren, über sein Fahrverhalten, seine Macken, meine Macken und über all das, was brechen kann, Speichen,
über den Platten letztens – Behinderungen allerorten. Merk-
würdigerweise hat mich noch nie ein*e Nichtbehinderte*r
etwas über ihn gefragt oder mich gar zu meinem Geschmack
beglückwünscht. Was für ein Widerspruch: Der Rollstuhl ist
das Erste, was andere an mir wahrnehmen, und gleichzeitig
das, was am beflissentlichsten übersehen wird.

# Stadt
# und die Kunst,
# eine
# Inklusions-
# maschine
# zu warten

„Der Prüfstein für die Maschine ist die Zufriedenheit,
die sie einem verschafft. Einen anderen Test gibt
es nicht."[1]   Robert M. Pirsig

Dieser Text ist kein reiner Bericht, sondern folgt der Einladung der Veranstalterinnen, eine persönliche Reflexion statt eines Vortragsskripts zu verfassen. Folglich protokolliert er nicht, was ich genau gesagt habe am 25. Januar 2019 an der Hochschule München, sondern amalgamiert einige Aspekte, die mir in unserer gemeinsamen Unterhaltung wichtig oder bedeutsam erschienen, mit Dingen, die mir im Nachhinein begegneten.

So haben die Inklusionsmaschinenmetaphorik und ein Vorgespräch mit Max Dorner bei mir unscharfe Erinnerungen an ein bestimmtes Buch ausgelöst, das ich inzwischen wiedergelesen habe: „Zen und die Kunst, ein Motorrad zu warten", 1974 von Robert M. Pirsig geschrieben, avancierte damals schnell zum Kultbuch der Hippie-Bewegung – obwohl (oder gerade weil) es genremäßig gar nicht so einfach einzuordnen ist. Als Rahmenhandlung dient der Bericht zu einer Motorradreise quer durch die USA, die der Autor im Jahr 1968 mit seinem damals 13 Jahre alten Sohn unternahm. Darin werden sowohl philosophische Überlegungen des Autors integriert (als Denk-Stücke auf bestimmten Reiseabschnitten) als auch autobiografische Erzählelemente. Die Maschine, um die es hier geht, wird dabei immer wieder aus verschiedenen Perspektiven beschrieben: Als Vehikel, auf dem man reisen kann; als System, das man in streng wissenschaftlicher Manier in Baugruppen und Bauteile, also in Kategorien und Hierarchien, gliedern kann; als „Motorrad a priori", wenn es um ideengeschichtliche Überlegungen geht, und als substanzieller Gegenstand der Sorge, den es mit entsprechender Sorgfalt oder Hingabe zu reparieren, zu pflegen und zu warten gilt.

Mithilfe dieser einen Maschine, die also in Wirklichkeit aus mindestens vier verschiedenen besteht, übt Pirsig Kritik an einer Welt, in der das rationale oder „klassische" Denken, wie er es nennt, die kreativen oder „romantischen" Strömungen so weit verdrängt hat, dass Menschen, die eher zu Letzteren neigen, sich durch den technischen Fortschritt wie „Fremde im eigenen Land"[2] fühlen. Was ihm vorschwebt, ist jedoch kein hippieeskes Retrotopia im Sinne einer Rückkehr zur Natur, sondern die Idee, das Zen oder den „Seelenfrieden" durch Hingabe in der Beschäftigung mit der Technik zu suchen. So ließe sich seiner Ansicht nach die notwendige Einheit von Denken und Fühlen wiederherstellen: „Im Augenblick ersticken wir in einer Flut wahlloser Datensammlerei in den Naturwissenschaften, weil es keinerlei rationalen Rahmen für ein Verständnis der wissenschaftlichen Kreativität gibt (…). Die Vereinigung von Kunst und Technik ist längst überfällig."³

Mir persönlich gefällt dieser Versuch einer Annäherung von Kunst und Technik gut, schließlich bewegen wir Architekt*-innen uns immer auf einem schmalen Grat zwischen beiden. Was mir aber noch besser gefällt, ist die mit der oben be-schriebenen Perspektivverschiebung entstehende Möglich-keit, drei der verschiedenen Maschinenmetaphern, die wir gerade kennengelernt haben – Vehikel, System und Wartungs-gegenstand –, einmal probehalber auf den hier verhandelten Stadt-Begriff zu übertragen und zu überlegen, was das für die Praxis von Architektur und Städtebau bedeuten könnte.

### Vehikel

Die Stadt als Vehikel, also als Fahrzeug im erweiterten Sinne zu betrachten, erscheint zunächst etwas merkwürdig, denn Grundcharakteristikum eines Ortes ist ja, dass er immer an derselben Position auf der Erdoberfläche bleibt. Allerdings verändern Städte sich mit der Zeit, und wir bewegen uns in ihnen: Die Stelle unseres Aufenthaltes markiert eigentlich immer nur unseren situativen Koordinatenschnittpunkt in der Gegenwart, die zur Vergangenheit wird, wenn die Zukunft nicht nur auf uns zu- sondern schließlich bei uns ankommt.

Pirsig – beziehungsweise sein motorradfahrendes Alter Ego – sieht den Schlüssel zu einem solchen Zeit- und Raum-verständnis im Begriff der Qualität, die er mit dem fernöstli-chen Dao gleichsetzt und deren dynamischen Charakter er betont: „Die Wirklichkeit ist nicht mehr statisch. […] Sie be-steht zum Teil aus Ideen, die wachsen sollen, wie man selber wächst, wie wir alle wachsen, Jahrhundert um Jahrhundert. Mit Qualität als einem zentralen undefinierten Begriff ist die Realität ihrem innersten Wesen nach nicht statisch, sondern dynamisch."⁴

Die dynamische Vehikelqualität der Inklusionsmaschi-ne, um die es hier geht, lässt sich aber nicht nur abstrakt, sondern auch ganz konkret am Beispiel von Max Dorners Mitbringsel erläutern, seinem Rollstuhl. Rollstühle sind, wenn man so will, bewegliche Bestandteile der besagten Maschinerie, die einzelnen Menschen zugeordnet sind. Sie ermöglichen jenen die Erfahrbarkeit städtischer Räume im übertragenen und im Wortsinn: Der Rollstuhl ist ein Erfah-rungswerkzeug für Menschen mit Gehbehinderung, so wie Brille oder Blindenstock für Sehbehinderte oder das Hörgerät für Hörbehinderte. Man kann mit ihm fahren (oder rollen), während man darin sitzt, und so die fehlende Funktionsfähig-keit der eigenen Beine zumindest teilweise kompensieren. Was man jedoch nicht kann, ist beispielsweise springen, ska-ten oder Treppen steigen. Und genau genommen, das hat Max uns erklärt, sind schon kleinere Stufen oder Schwellen manchmal ein gefährliches Hindernis, an dem man leicht stürzen kann: Solche Kanten können dann unüberwindliche Hindernisse oder Risiken darstellen – und das nicht für alle Menschen, sondern eben nur für die, die auf Rollstühle angewiesen sind. Kanten wirken dann exklusiv, genau wie Türen, die man schlecht aufbekommt, wenn man zum Aufziehen direkt bis in den Radius des Türaufschlags fahren muss. So etwas kann, wie auch das Wetter, eine erhebliche Einschränkung des Bewegungsfeldes zur Folge haben – zumal unsere Stadtmaschinen ja infrastrukturell gar nicht darauf ausgelegt sind, besonders walkable zu sein (oder, wie es hier erforderlich wäre, rollable), sondern darauf, besonders viele vierrädrige Schachteln unterzubringen, die sich entweder auf Fahrspuren bewegen oder auf Parkspuren herumstehen. Weil diese rollenden Schachteln viel schwerer und auch viel schneller sind als Fußgänger- und Rollstuhlfahrer*innen, sind unsere städtischen Räume stark strukturiert, wie die Phänomenologen das nennen würden:[5] Straßen und Plätze geben genau vor, wer was wie wo zu machen hat – und was nicht. Das leitet uns auch schon zur nächsten Inklusionsmaschinenkategorie über.

### System

Städte sind, wie es so schön heißt, mehr als die Summe ihrer Teile: Man kann sie nicht zerlegen – zum Beispiel in Häuser, Menschen oder Infrastrukturen –, diese Elemente dann schön ordentlich auf unterschiedliche Stapel legen und später einmal eine neue oder andere Stadt aus ihnen zusammenzusetzen. Dennoch wird niemand bestreiten, dass die verschiedenen Bauteile in Wirkungszusammenhängen und Abhängigkeiten voneinander stehen, die sich systemisch beschreiben lassen. Gemäß Robert Pirsigs Motorradbeispiel etwa ließe sich die Stadt unterteilen in Stadtteile, Nachbarschaften, Blöcke, Häuser und schließlich Wohnungen – oder auch in Autobahnen, Schnellstraßen, Haupt- und Nebenstraßen. Bewohnt werden sie von Menschen, die verschiedenen Berufs- und Altersgruppen, Gesellschaftsschichten oder Familienverbänden angehören. Schaut man sich an, wo und wie diese Menschen tätig sind, dann versteht man schon ziemlich viel von den systemischen Zusammenhängen zwischen den Bauteilen der Stadt.

Doch bleiben wir noch ein wenig beim oben begonnenen Thema der Mobilität (nicht zu verwechseln mit dem reinen Verkehr): Urbane Räume sind durch vielerlei Markierungen und durch topografische Elemente wie Schwellen, Bordsteine, Fahrbahnübergänge, Ampeln, Geländer, Pflanzkübel und Poller in klar abgegrenzte, ziemlich exklusive Territorien unterteilt, deren Nutzung genau festgelegt und funktional zugeordnet ist. Damit das einigermaßen funktioniert, kommt noch eine Unmenge an Regeln, Vorschriften und Gesetzen dazu, die dann mithilfe von Schildern kommuniziert, mithilfe von Ordnungsamtsangestellten kontrolliert und mithilfe von Bußgeldern sanktioniert werden: Hier nicht parken, da nicht hineinfahren, dort bitte absteigen und da drüben die Straße überqueren, wenn es denn unbedingt sein muss, aber auf gar keinen Fall gleich hier!

Wir bewegen uns im öffentlichen Raum der Stadt nicht auf einem neutralen Areal, wo die verschiedenen Verkehrsteilnehmer*innen auf Augenhöhe immer wieder verhandeln, was wie von wem zu nutzen ist (das wäre vermutlich auch ganz schön mühsam), sondern in einem, wo ein spezielles Verkehrsmittel deutlich privilegiert ist gegenüber anderen – was man schon am Platzverbrauch merkt. Erstaunlicherweise haben wir uns an diesen exklusiven Zustand, diese differenzmaschinenmäßige Prioritätensetzung so sehr gewöhnt, dass wir die Systemfrage nie stellen – auch wenn wir mit ziemlicher Sicherheit nicht darauf kämen, heute genauso wieder zu entwerfen. Wir haben es hier mit wirkmächtigen so genannten Anteludialeffekten zu tun, einfacher ausgedrückt mit der „normativen Kraft des Faktischen" – und mit der Tatsache, dass Systemwechsel schon aufgrund unserer eigenen kulturellen Konditionierung so furchtbar schwer zu denken sind. Von der Umsetzung ganz zu schweigen.

Wenn die Stadt allerdings eine Inklusionsmaschine sein soll, müsste man sie mindestens so umbauen, dass alle Einwohner*innen mehr oder weniger gleichberechtigt am Verkehr teilnehmen und sich in öffentlichen Räumen bewegen könnten. Man müsste nicht nur die Infrastrukturen so umbauen, dass sie zu den fragileren beweglichen Elementen – Max' Rollstuhl, Fahrräder, Rollatoren – passen, sondern auch jene Verkehrsmittel de-privilegieren, die heute anderen so viel Platz wegnehmen. Davon hätten übrigens, da bin ich mir sicher, ganz im Sinne der Inklusionsidee alle etwas – auch Autofahrer*innen, die dann vielleicht auf den ÖPNV oder das Fahrrad umsteigen und damit nicht nur etwas für ihre eigene, sondern für die Gesundheit aller Städter*innen tun würden.

### Wartung

Hier möchte ich nun auf mein Mitbringsel zu sprechen kommen, das Bild eines so genannten Mehrpersonenkleides. Es umhüllt eine Gruppe von Menschen, die darin wie in einem dicken Ball stecken, sodass nur Arme und Köpfe herausschauen. Dieses Kleid ist ein weiteres Bauteil, oder eine andere Art von Metapher. Sie passt meines Erachtens gut zum Thema, denn mit diesem Kleid hört die Individualität zwar nicht auf – die darin steckenden Menschen verschmelzen ja nicht, sie haben immer noch eigene Köpfe, Arme und Beine –, aber der Individualismus, der eine Selbstverwirklichung möglichst ohne Rücksicht auf Verluste (oder auf andere) anstrebt. So ein Kleid könnte man sich ab und zu mal anziehen (oder sich das wenigstens vorstellen), wenn man den Common Ground des Städtischen, den gemeinsamen Grund, aushandeln muss, wie ich das an anderer Stelle genannt habe:[6] den eines Wohnprojektes, den eines Forschungsantrages oder einfach den einer gemeinsamen nachbarschaftlichen Aktivität.

Dieses Kleid bewegt sich nicht von alleine – und es bewegt sich auch nicht, wenn alle, die darin stecken, in unterschiedliche Richtungen wollen. Man muss sich vorher einigen, und das kostet natürlich Mühe – oder, wie Maurice Merleau-Ponty vielleicht gesagt hätte, es erfordert ein Engagement in diesem Raum und dieser Gruppe.[7] Ich finde, das passt sehr schön zu Pirsigs Plädoyer für eine hingebungsvolle Maschinenwartung, und es lässt sich sehr gut auf den Umgang mit Städten übertragen: Auch hier erfordert es Engagement, eine Richtung festzulegen oder Beschlüsse zu fassen, und es macht noch viel mehr Mühe und Arbeit, sie umzusetzen. Die Sorge um den Gegenstand – Stadt oder Inklusionsmaschine oder Motorrad oder Nachbarschaft – erfordert dabei von allen, dass sie eine gewisse Kompromissbereitschaft mitbringen, und eine basale Kompetenz (sowie einen Willen) zur Kommunikation. Ich nenne das, in Anlehnung an Donna Haraways Konzept der Sym-Poiesis[8], „Response-Ability" – Antwortfähigkeit –, die natürlich auch Zuhörfähigkeit einschließt sowie die Bereitschaft zur Übernahme von Verantwortung.

Wenn man sich jetzt fragt, und das kann man sicher tun angesichts meiner doch relativ abstrakten Rede über die Stadtmaschine, was das eigentlich alles mit Architekt*innen, Städtebauer*innen und ihren Disziplinen zu tun hat oder welche Rolle sie hier spielen, dann wäre meine Antwort diese: Einerseits können sie im Rahmen ihrer professionellen Tätigkeit dafür sorgen, dass sie in ihren Entwürfen und Planungen möglichst alle Städter*innen gleichermaßen berücksichtigen – und ihre Maschinenbauteile so entwerfen, dass sie nicht nur zum Rest passen, sondern auch zu denen, die sie nutzen. Denn das ist die gute Nachricht: Wir haben eine gewisse Macht, tatsächlich etwas zu gestalten, ganz direkt und gar nicht im übertragenen Sinn, auch wenn das im Regulierungsdickicht des Vorschriftendschungels manchmal nicht leicht ist. Wichtig ist dabei aber eben genau dieses Gestaltenwollen im Sinne der Maschinenwartung: Inklusives Bauen heißt nicht, die Design-for-all-Charta auswendig zu lernen oder die kleinen Checkboxen in der DIN 18022 abzuhaken, sondern weiterzudenken, verschiedene mögliche Perspektiven einzunehmen und die Gerechtigkeit im Auge zu behalten.

Andererseits kann aber, und jetzt komme ich noch mal auf die Maschinenmetapher zurück, das beste Entwerfen niemanden von basalen Bürgerpflichten entbinden: Wenn die Stadt unser Mehrpersonenkleid ist, dann ist es nicht damit getan, dieses möglichst schick zu designen. Es geht vielmehr darum, es sich auch anzuziehen: Wir müssen als Städter*innen (oder Dorfbewohner*innen) gemeinsam und in immer wieder unterschiedlichen Konstellationen, räumlich oder gesellschaftlich, an den Programmen arbeiten, mit denen die Maschine operiert. Nicht nur an der Hardware, sondern auch an der Software, denn diese bestimmt am Ende die Performance unserer Städte.

Das ist nicht immer einfach, denn wir können uns natürlich als Einzelne schlecht gegen das System der Verkehrsinfrastruktur oder das System der Profitmaximierung im Immobiliensektor zur Wehr setzen. Allerdings sehen wir an vielen Orten derzeit neue Koalitionen und Zusammenschlüsse von Menschen, die gemeinsam anders auftreten, sei es über Petitionen, Volksentscheide oder die Gründung neuer Genossenschaften. Das fällt jetzt nicht unbedingt alles in das engere disziplinäre Berufsverständnis, doch es macht Sinn, sich mit den neuen (und manchmal auch gar nicht so neuen) Konstellationen zu beschäftigen, die entstehen. In einigen europäischen Städten wie Berlin oder Barcelona verlagert sich gerade lokal ein wenig Macht in Richtung der Zivilgesellschaft, während das – global gesehen – leider noch eher unüblich ist. Inklusion ist in erster Linie eine Frage der Teilhabe und der Teilhabemöglichkeiten: Man muss inzwischen mancherorts nicht mehr auf Top-down-Entscheidungen warten oder alternative Entscheidungen in subversiv-protestförmiger Graswurzelmanier bottom-up erkämpfen, denn es entstehen neue Allianzen zwischen klugen Städter*innen und weitsichtigen Verwaltungen. Diese ermöglichen interessante Kooperationen und Projekte, zum Beispiel die Arbeit der Planbude Hamburg auf dem Gelände der ehemaligen Esso-Häuser an der Reeperbahn, das kooperative Werkstattverfahren zum Haus der Statistik in Berlin, das Bellevue di Monaco in München und viele andere mehr.

Die Inklusionsmaschine, um die es hier geht, ist kein Perpetuum mobile: Selbst, wenn irgendwelche Inklusionsingenieur*innen es geschafft hätten, einen Apparat zu bauen oder einen Katalysator, wie Karl R. Kegler das nennt, der ganz ohne unser Zutun Exkludierte in Inkludierte verwandelt, würde dieser Apparat eine gewaltige Menge Energie benötigen. Trotzdem ist die Rede von der Maschine – ebenso wie die von den Bauteilen – aufschlussreich, denn es gibt Apparate, von denen wir nicht wissen oder lange nicht gewusst haben, wer sie wie gebaut hat, die aber dennoch ausgezeichnet funktionieren. In diesem Sinn könnte man Bäume als Sauerstoffmaschinen bezeichnen und Städte als Differenzmaschinen, was für mich die andere Seite der Gemeinsamkeits-Medaille ist:[9] Erst in der Dichte so vieler verschiedener Individuen und erst unter dem Schutz von urbaner Anonymität und Toleranz dürfen Menschen unterschiedlich sein – und daraus ihre eigentliche Identität für sich und andere bestimmen.

Dass dies einer sorgfältigen Kommunikation bedarf und viel Arbeit macht, versteht sich in diesem Fall fast von selbst: Auch im Laufe unseres Gesprächs wurde ja deutlich, dass nicht nur jede*r von uns Spezialist*innen etwas anderes im Kopf hat, wenn er oder sie „Stadt" sagt, sondern dass auch die von den Veranstalterinnen so charmant-provokant gewählte Wortkonstruktion der Inklusionsmaschine zuweilen kleinere oder größere Konfusionen auslöst. Das kann allerdings auch als Chance gesehen werden: Obwohl (oder gerade weil) so viele Menschen damit beschäftigt sind, die Stadtmaschine zum Funktionieren zu bringen, erschließen sich manche ihrer Probleme erst dann, wenn es gelingt, einen inklusiven Blick einzuüben.

Ich lade daher vor allem die Studierenden im Publikum (und unter den Leser*innen) herzlich ein, gelegentlich ein paar neue Codezeilen zur Software des urbanen Modus Operandi hinzuzufügen: Open Source natürlich, damit der Code offen bleibt für Neuankömmlinge und später Geborene. Denn das würde mir gut gefallen, wenn wir vom (engeren) fachlichen Thema der Inklusion (von Menschen mit Behinderung) zu einem Normalzustand kämen, in dem Städte generell inklusiv werden – und es vor allem bleiben, auch in Zukunft. Dass wir dafür jetzt, heute und hier nicht nur im Sinne einer „Prefer-Ability", einer Wunsch- und Entwurfsfähigkeit, gemeinsam Visionen entwickeln, sondern auch dringend handeln müssen, hat wieder etwas mit dem Boden der Tatsachen und dem Handlungsraum der Wirklichkeit zu tun:

> „Die Vergangenheit existiert nur in unseren Erinnerungen, die Zukunft nur in unseren Plänen. Die Gegenwart ist unsere einzige Realität."[10]

1 Pirsig, Robert M.: Zen und die Kunst ein Motorrad zu warten: ein Versuch über Werte. 32. Aufl., Frankfurt am Main, 2011 (Originalausgabe: Frankfurt am Main, 1974).

2 Ebd., S. 13.

3 Ebd., S. 310.

4 Ebd.

5 Hebert, Saskia: Gebaute Welt | Gelebter Raum. Berlin, 2012, S. 84.

6 Giesecke, Dana; Hebert, Saskia; Welzer, Harald (Hg.): FUTURZWEI Zukunftsalmanach 2017/18. Frankfurt am Main, 2016.

7 Merleau-Ponty, Maurice: Phänomenologie der Wahrnehmung. Berlin, 1966.

8 Haraway, Donna J.: Staying with the trouble: making kin in the Chthulucene, Experimental futures: technological lives, scientific arts, anthropological voices. Durham, 2016.

9 Giesecke, Dana; Hebert, Saskia; Welzer, Harald (Hg.): FUTURZWEI Zukunftsalmanach 2017/18. Frankfurt am Main, 2016.

10 Pirsig, Robert M.: Zen und die Kunst ein Motorrad zu warten: ein Versuch über Werte. Frankfurt am Main, 2011, S. 260.

# Poröse Stadt – Katalysator oder Maschine?

Zwischen 1922 und 1931 veröffentlichte der Arzt und Wissen-
schaftspublizist Fritz Kahn ein fünfbändiges Werk, das die
Erkenntnisse und Weltsicht der modernen Medizin und Biologie einer breiten Leserschaft erschließen sollte. Kahns „Das
Leben des Menschen" ist heute mehr aufgrund seiner Illus-
trationen als aufgrund seines Textes bekannt.[1] In beispiel-
haften Abbildungen, die nach Kahns Vorgaben von professionellen Grafikern angefertigt worden waren, stellte der Autor
den menschlichen Körper als eine Maschine dar: das Gehirn
als Schaltzentrale, das Herz als Pumpe, das Auge als Kame-
ra … Die vielleicht am weitesten verbreitete dieser Illustratio-
nen, „Der Mensch als Industriepalast"[2], ist der Vorläufer
für populärwissenschaftliche Schaubilder, die sich bis heute
in einer großen Bandbreite fortsetzen – vom Sachbuch für
Kinder bis hin zum Apothekenmagazin.[3] In der ersten Hälfte
des 20. Jahrhunderts gehörte Kahns Darstellung zu den erfolgreichsten Büchern, die sich mit Themen der Humanbiolo-
gie an ein breites Publikum richteten. Es verband eine ein-
gängige (Bild-)Sprache mit plakativen Zuspitzungen: „Die
Gesamtoberfläche der 22 Billionen Blutzellen eines Menschen
bedeckt einen Grund von 62 Meter im Quadrat."[4] Würde
man das Wachstum aller Haare des menschlichen Körpers
in ein einziges Endhaar einmünden lassen, dann wüchse
dieses in vierzig Minuten einen ganzen Meter.[5] In ähnlicher
Weise verdeutlichte Kahn die individuell unterschiedlichen
Reaktionszeiten von Menschen am Beispiel zweier Kranführer.
Der weniger begabte ist um ein Drittel langsamer als sein
reaktionsschneller Kollege – ein Nachteil, den Kahn für dessen gesamtes Berufsleben hochrechnet: „Um dieselbe Leistung zu vollbringen, braucht er sechs Jahre länger! Volkswirt-
schaftlich betrachtet lebt dieser Mann im Vergleich zu seinem
reaktionstüchtigeren Kollegen in diesen sechs Jahren auf
Kosten der Allgemeinheit. Er geht ein Drittel seines Lebens
auf Kosten der Gesellschaft spazieren!"[6]
Kahns rigorose Schlussfolgerung – Ergebnis eines reinen
Gedankenspiels und keiner empirischen Fallstudie – macht
in diesem Beispiel die versteckten und problematischen
Implikationen der populären Maschinenmetapher deutlich.
Sie sagt letztlich mehr über die Gedankenwelt des populär-
wissenschaftlichen Autors als über die realen Zustände und
Probleme in der Arbeitswelt der 1920er Jahre. Der Vergleich
mit der Maschine ist mit den Kategorien Effizienz, Wettbe-
werbsfähigkeit und Profit verknüpft. Er reduziert im Bereich
der menschlichen Lebenswelt komplexe und mehrdeutige
Ganzheiten auf den Aspekt der Leistung. Kahns Darstellung,
so schlussfolgert Bernd Stiegler in einer detailgenauen

Analyse, soll nicht nur die Funktionen des menschlichen Körpers verdeutlichen, „sondern auch die Technik als Grundlage des Gesellschaftskörpers herausstellen. Im Modus des Staunens wird aus der nüchternen Technik der Lobpreis des Funktionierens."[7]

Wenn Kahns Mensch-Maschine-Vergleich an den Anfang dieser Überlegungen gestellt wird, dann geschieht dies, um auf die Bedeutung von Metaphern für die inhaltliche Analyse von Bildvorstellungen hinzuweisen. Metaphern sind verkürzte Vergleiche, die unterschiedliche Bildwelten miteinander in Beziehung setzen. Sie können je nach Kontext und Motivation als Erkenntnismittel oder als Leitbild herangezogen werden. Die Mensch-Maschinen-Metapher, die in der neuzeitlichen Philosophie und Literatur seit René Descartes eine lange Tradition besitzt, zeigt diesen Zusammenhang mit exemplarischer Bedeutung und ist seit Längerem Thema einer kritischen Kulturwissenschaft.[8] Die Analyse von Stadtmetaphern ist demgegenüber erst seit vergleichsweise kurzer Zeit in das Interesse der Forschung gerückt,[9] behandelt aber ähnliche Fragen. Es ist sofort verständlich, dass unterschiedliche Bedeutungsdimensionen der Lebensform Stadt angesprochen sind, je nachdem, ob Stadt als Marktplatz, als Garten, als Repräsentation gesellschaftlicher Ordnung, als Bühne, als Maschine oder als baulich-räumliches Gesamtkunstwerk vorgestellt wird.[10]

### Stadt als Maschine

Die Metapher der Stadt als Maschine ist im Vergleich zu anderen hier genannten Bildlichkeiten relativ jung. Sie beginnt im 19. Jahrhundert mit der Ausstattung der Großstädte mit aufwendigen technischen Infrastrukturen.[11] Architekt*innen und Planer*innen der klassischen Moderne oder der verschiedenen modernistischen Gruppen der Nachkriegszeit haben sich dieser Denkfigur mit Vorliebe bedient.[12] Eine zweite Wurzel dieser Stadtidee gründet in der literarischwissenschaftlichen Gattung der Science-Fiction. Ein Autor wie H. G. Wells – Verfasser von Science-Fiction-Klassikern wie „Die Zeitmaschine" und „Krieg der Welten" – verstand sich jenseits seiner fiktionalen Romane als seriöser Zukunftsforscher. Wells veröffentlichte 1901 mit seinen „Anticipations" beispielsweise den Versuch einer Gesamteinschätzung der technologischen Trends seiner Zeit, der zumindest für den Bereich der Stadt- und Siedlungsentwicklung die Tendenz zu weiterem Städtewachstum, zur Ausweitung der privaten Mobilität und zur Suburbanisierung wesentlich realistischer einschätzte als zeitgleiche Szenarien in der professionellen Stadt- und Raumplanung.[13]

Als Reaktion auf Wells' positivistische und technologiezentrierte Sichtweise, die unter anderem in seiner 1905 erschienenen Schrift „A Modern Utopia" zum Ausdruck kommt, verfasste der Schriftsteller Edward Morgan Forster im Jahr

1909 mit der Erzählung „The Machine Stops" einen techno-
logiekritischen Gegenentwurf.[14] Forster beschreibt das
Leben in einer hochtechnisierten Stadt, in der jeder Mensch
in einer unterirdischen sechseckigen Wohnzelle mit allem
notwendigen versorgt ist und durch ein leistungsfähiges
Kommunikations- und Informationssystem im Austausch mit
der gesamten Menschheit steht. In mancher Hinsicht nimmt
diese Vision das Konzept und die Effekte des World Wide
Web vorweg: Jedes Individuum, das in dieser globalen Stadtmaschine lebt, hat Hunderte von technisch vermittelten Kon-
takten, verliert aber den Zugang zu unmittelbarer Erfahrung,
da der soziale Austausch ausschließlich über ein technisches
Medium erfolgt. Technische Installationen garantieren lücken-
lose Grundversorgung, lassen eine atmosphärische Gestaltung des Wohnumfeldes aufgrund persönlicher Vorlieben
zu und halten sofort aktivierbare Installationen bereit, wenn
eine medizinische Diagnose oder Behandlung notwendig
werden sollte.[15] Nichtsdestotrotz ist Forsters Maschinenwelt
eine Dystopie mit tragischem Ausgang. In seiner Erzählung
erzeugt die Abhängigkeit von der standardisierten omniprä-
senten Technik Distanz statt menschlicher Teilhabe, Medien-
konsum statt unmittelbarer Erfahrung, Abhängigkeiten statt
Kompetenzen. Die von der Maschine garantierte Rundum-
versorgung trägt dazu bei, dass die Einwohner*innen ihre voll
ausgestatteten Wohnzellen seltener und seltener verlassen,
in psychologische Abhängigkeit von technischen Apparaten
geraten und wesentliche menschliche Fähigkeiten verlieren.

Das Szenario, das Forster in seiner Erzählung im Jahr
1909 entwickelt, muss selbstverständlich in den Kontext
der technik- und maschinenkritischen Diskurse seiner Entste-
hungszeit eingeordnet werden. Auch wenn Forster dies
nicht explizit anspricht, ist zu Anfang des 20. Jahrhunderts
das Nachdenken über Technik häufig von sozialdarwinis-
tischen Gedanken beeinflusst, die darüber spekulieren,
dass in einer von Technik geschaffenen Umwelt das Fehlen
der natürlichen Selektion die menschlichen Fähigkeiten ver-
kümmern lässt.[16] Auf der anderen Seite kann man Forsters
imaginierte Weltstadt aber auch als große Gleichstellungs-
apparatur auffassen. Seine Stadtmaschine ist eine Inklusionsmaschine. Jeder Mensch erhält den gleichen Zugang zu
Ressourcen und Informationen. Körperliche Unterschiede
und Fähigkeiten spielen nur noch eine geringe Rolle. Spätere
Stadtutopien, die sich in den 1960er Jahren mit Meta- und
Zellenstrukturen beschäftigt haben, haben ähnliche Wohn-
welten entworfen.[17] Heutige Stadtmodelle, die Verkehr,
Sauberkeit und Sicherheit im öffentlichen Raum mit einem
dichten System von Regeln, elektronischer Steuerung und
Überwachung zu gewährleisten suchen,[18] sind durch ein ähn-
liches Denken in technischen Systemen und Regelkreisen
bestimmt. Eine allgegenwärtige und hilfreiche Infrastruktur
greift ein, wenn es Probleme geben sollte, und formuliert zugleich strikte Verhaltensregeln.

Kahns Mensch-Maschinen-Vergleich und Forsters Vision einer vernetzten und automatisierten Wohn- und Stadtwelt haben an diesem Punkt eine Schnittstelle, die eine spezifisch technische Denkweise verdeutlicht: Werden der Mensch und seine Lebenswelt in einer mechanistischen Weise begriffen, liegt es nahe, fehlende oder defizitäre Funktionen durch Technikeinsatz zu kompensieren. An die Stelle herkömmlicher und gelebter Teilhabe treten technische Hilfsmittel, die ein eingefordertes Verhaltens- und Leistungssoll garantieren und überwachen. Für das Leitbild der inklusiven Stadt würde das bedeuten, fehlende Inklusionsleistung mit der Aufrüstung durch technische Hilfsmittel und angepasste Infrastrukturen auszugleichen. Nach dieser Denkfigur erzeugen ein funktionales Layout und eine leistungsfähige technikbasierte Infrastruktur Inklusion mit derselben Folgerichtigkeit, mit der eine Maschine ein Produkt herstellt.

### Katalysatoren

Dieser technikbestimmten Interpretation von Stadt und Inklusion steht eine zweite Forschungsrichtung gegenüber, die sich mit der Rolle von Akteuren in der Stadtgesellschaft auseinandersetzt. „Ungleiches ungleich behandeln", lautet beispielsweise einer der Grundsätze, den Klaus Selle für die Kommunikation in Planungsprozessen empfiehlt.[19] Selles im Jahr 2000 formulierte Schlussfolgerungen speisen sich aus gesellschaftlichen und rechtlichen Grundsatzüberlegungen sowie aus Erfahrungen in der Zusammenarbeit mit Bürgergruppen im Ruhrgebiet und in Hannover. Wenn man Kommunikation in Planungsprozessen ernst nimmt, ist sie – so Selle – kein schmückendes Beiwerk, das zuvor getroffenen Entscheidungen zu größerer Akzeptanz verhilft, sondern sie moderiert einen Lernprozess, der Sichtweisen und Kompetenzen aller Beteiligten verändert.[20] Überträgt man diesen Gedanken auf das Gebiet der Inklusion, bietet sich für die Deutung von Stadt ein anderes Modell an als das Bild der Maschine, die ein unter festgelegten Parametern geplantes, genau definiertes Ergebnis produziert.

Eine Alternative stellt das Bild eines Katalysators dar. In der Naturwissenschaft ist der Katalysator ein Medium, das Umwandlungsprozesse erleichtert und den Energieaufwand für das Zustandekommen chemischer Reaktionen herabsetzt. Die Stoffe, die durch den Einfluss des Katalysators neue Verbindungen eingehen, können ihre Reaktionsfähigkeit unter Einfluss eines vermittelnden Umfeldes mit einer geringeren Aktivierungsschwelle entfalten. Das bekannteste alltagsweltliche Beispiel für einen derartigen Prozesse ist der Dreiwegekatalysator im Auto. In diesem Katalysator werden die Verbrennungsprodukte des Motors in einer Reaktion mit Luft in ungefährliche Gase und Wasser umgewandelt. Um die Reaktionen zu ermöglichen, besteht der Abgaskatalysator aus einem Wabenkörper, dessen Zellen mit katalytischen Metallen bedampft sind. Der Katalysator ist porös wie ein Schwamm. Die dadurch gewährleistete große Oberfläche ermöglicht den Reaktionsstoffen, sich an die Metallschicht anzulagern und neue Verbindungen einzugehen.

Wenn man das Bild des Katalysators als Metapher für die inklusive Stadt aufgreift, finden sich in ihm interessante Ansatzpunkte. Inklusion ist kein Produkt, das in einem technischen Verfahren mit Energie- und Maschineneinsatz produziert werden kann, sondern entsteht in der Reaktion von Akteuren, die unter günstigen Bedingungen von selbst abläuft. Um diese Prozesse zu moderieren, braucht es Räume, Oberflächen und ein Wissen von den Eigenschaften der Elemente, die zusammenkommen. Stadt muss eine Vielzahl von solchen Räumen bieten; sie muss „porös" sein wie ein Katalysator.

Diese Begrifflichkeit der „porösen Stadt" hat jenseits der Metapher des Katalysators einen geistesgeschichtlichen Vorläufer. Walter Benjamin und Asja Lācis verwendeten dieses Bild 1925 in einer berühmt gewordenen Beschreibung Neapels. Die beiden Italienreisenden erlebten die südliche Metropole zu Beginn des Jahrhunderts als ein mehrdeutiges architektonisches Kontinuum, in dem Räume, Öffentlichkeit und Privatheit ineinander übergehen: „Porös wie dieses Gestein ist die Architektur. Bau und Aktion gehen in Höfen, Arkaden und Treppen ineinander über. In allem wahrt man den Spielraum, der es befähigt, Schauplatz neuer unvorhergesehener Konstellationen zu werden. Man meidet das Definitive, Geprägte. Keine Situation erscheint so, wie sie ist, für immer gedacht, keine Gestalt behauptet ihr ‚so und nicht anders'."[21] Die Stadtplanerin Sophie Wolfrum erhebt diese Mehrdeutigkeit und Aktivierbarkeit des Raumes zu einem gestalterischen Leitbild. „In ihrer programmatischen Bedeutung beinhaltet Porosität zugleich den physischen wie den sozialen Raum und ist einer der wenigen Begriffe, der beide Bereiche des Stadtraumes anspricht ohne sie voneinander zu trennen."[22] Aus der episodischen und impressionistischen Stadtbeschreibung der Literaten Lacis und Benjamin konstruieren Wolfrum und die Autor*innen des von ihr herausgegebenen Sammelbandes ein gestalterisches und gesellschaftliches „Denkbild", das sich durch Unschärfe, Mehrdeutigkeit, Offenheit und Improvisation auszeichnet.[23] So sympathisch dieses Modell erscheint, Wolfrum benennt selbst eine gewichtige Einschränkung: Für sich genommen sind der Begriff der „Porosität" oder die englische Übersetzung „porous city" schillernd, geheimnisumwoben und unpräzise.[24] Die Attraktivität der „porous city" wird erst verständlich, wenn man sie – wie es die Autor*innen tun[25] – als ein Gegenmodell zur funktionalistischen Stadtmaschine der Moderne begreift.

Dass es dafür gute Gründe gibt, führt Andreas Feldtkeller in seiner ebenfalls 2018 erschienenen Studie zu nutzungsgemischten Stadtquartieren aus. Feldtkeller, der als Stadtplaner und Leiter des Amtes für Stadtsanierung über Jahrzehnte in Tübingen tätig gewesen ist, weist anhand eines Überblicks über die jüngere Forschungsliteratur auf, dass gemischte Stadtquartiere, die nicht dem modernistischen Paradigma städtebaulicher Funktionentrennung folgen, bessere Ergebnisse in der Integration von Migrant*innen, der Vereinbarkeit von Beruf und Familie oder der Verminderung von Verkehr erreichen. „Städte bieten nicht allein das Dach über dem Kopf, sondern sie sind dem Grunde nach eine Organisation, in der das Zusammenleben mit Fremden [...] immer wieder neu trainiert wird."[26] Die Vielzahl von räumlichen Situationen, wirtschaftlichen und sozialen Gelegenheiten nutzungsgemischter Stadtquartiere, die Feldtkeller in seiner Analyse aufführt, lässt sich mit dem von Wolfrum bemühten Leitbild der „porous city" in Übereinstimmung bringen. Feldtkeller konstatiert auf der anderen Seite Entwicklungen, die dieses Modell immer stärker gefährden, beispielsweise im Ausbau nicht integrierter Standorte des großflächigen Einzelhandels, reiner Wohnquartiere und monofunktionaler Infrastrukturen. „Kleinräumliche Nutzungsmischung ist eine entscheidende Voraussetzung für die Wirksamkeit der Stadt als Ort des gelingenden Zusammenlebens mit den und dem Fremden. Wo diese städtebauliche Handlungsoption nicht mehr zugelassen ist, verliert die Stadt ihre Eigenschaft als ‚Integrationsmaschine'."[27]

### Warum sind Metaphern wichtig?

Das Nachdenken über die beschriebenen Mechanismen führt notwendigerweise zu einer Auseinandersetzung mit aktuellen Entwicklungen in der Stadt. Erschwingliche Wohnungen, öffentlicher Raum, Grünflächen, nutzungsgemischte Quartiere, Bildungseinrichtungen, kulturelle Teilhabe oder die Nutzung des Straßenraums durch unterschiedliche Verkehrsformen sind nicht konfliktfrei und werden durch die Konkurrenz unterschiedlicher Nutzergruppen und Nutzungskonzepte bestimmt. Welche Relevanz kann vor diesen harten Realitäten die Beschäftigung mit metaphorischen Bildern für sich beanspruchen? – Leitbilder und Metaphern des Städtischen sind relevant, weil sie einen Orientierungsrahmen und Ansatzpunkte für das Verstehen der komplexen Wechselwirkungen des städtischen Lebens darstellen. Metaphern sind mehr als Vergleiche, sie sind produktiv, beschäftigen die Fantasie und können, wie im Beispiel der Maschinenmetapher, einen Schlüssel zum Verständnis verdeckter Motive und Einflüsse darstellen. Aus dieser Perspektive ist die Beschäftigung mit den Maschinenvergleichen Kahns oder mit den Fiktionen Edward M. Forsters Teil einer kritischen Kulturgeschichte der Moderne.

Als Metapher für das städtische Zusammenleben zeichnet sich das Bild des Katalysators dadurch aus, dass es weniger ein spezifisches Produkt herausstellt, sondern sich mit den reaktiven Potentialen der zusammengeführten Akteure beschäftigt. Stadt ist keine große Maschine, sondern eine Umgebung, die im besten Fall Widerstände herabsetzt und

Reaktionsschwellen reduziert: ein Katalysator. Das metaphorische Bild trägt zu einem besseren Verständnis bei und erlaubt ergänzende Schlussfolgerungen. Eine dieser Schlussfolgerungen ist, dass man einen Katalysator auch überfordern kann. Bei der Einrichtung katalytischer Prozesse ist Erfahrungswissen erforderlich, unter welchen Umständen und Verhältnissen die gewünschten Reaktionen eintreten. Im oben bemühten Beispiel des geregelten Katalysators, der im Motor zur Abgasbehandlung eingesetzt wird, ist dieser Gesichtspunkt in einem Rückkopplungsmechanismus berücksichtigt. Damit die gewünschten Umwandlungsreaktionen ablaufen, muss ein ausgeglichenes Verhältnis zwischen den Grundstoffen bestehen. Im Katalysator werden die Reaktionsbedingungen dadurch eingeregelt, dass ein Messgerät, die Lambdasonde, das Verhältnis der Reaktionsstoffe erfasst und optimal einstellt. In mehrfacher Hinsicht befinden sich Städte und Initiativen, die sich der Aufgabe der Inklusion stellen, metaphorisch gesprochen in der Erprobungsphase genau dieser katalytischen Prozesse. Damit Inklusion gelingen kann, sind Oberflächen und Räume nötig, in denen sich Akteure begegnen und in Reaktion miteinander treten können. Es ist aber auch ein Erfahrungswissen darüber erforderlich, wie und unter welchen Verhältnissen Inklusion gelingen kann, welche Formate und Vermittler dafür eine Voraussetzung sein können. Die Berücksichtigung der Wendekreise von Rollstühlen, die Barrierefreiheit von Wohnungen oder öffentlichen Räumen sowie verständlich in einfacher Sprache formulierte Formulare sind als Hilfsmittel und Vorbedingungen für Inklusion wichtig. Aber Verwaltungsrichtlinien und technisch-bauliche Mittel führen allein nicht dazu, dass Menschen zusammenkommen, Verständnis und Respekt für ihre unterschiedlichen Fähigkeiten bzw. Grenzen gewinnen. Die dazu notwendigen Begegnungen sind auch nicht zwingend an bestimmte bauliche Entwicklungen oder Ausstattungen geknüpft; sie können kulturelle Projekte, schulische Inklusion, Vereine, Stadtteilinitiativen oder Gemeinschaftsgärten im Quartier beinhalten.[28] Wichtig ist, dass sie den Beteiligten im Sinne Selles die Möglichkeit zum Lernen und zur Erprobung ihrer Kompetenzen einräumen. Es wäre naiv zu glauben, dass eine Umsetzung der wichtigen Ziele Inklusion, Integration und Nachhaltigkeit möglich ist, ohne die Sichtweise auf die Stadt und die Akteure selbst zu verändern. Inklusionsangebote sollten Kompetenzen fördern und Freiräume einräumen, ohne Teilnehmer*innen zu maßregeln oder zu bevormunden. Erst dies gewährleistet die „offene Stadt" (Sennett) und kompetente Bürger*innen. Hier greift die Beobachtung, dass bei Kommunikationsprozessen alle Beteiligten einem Lernprozess unterworfen sind. Das Bild des Katalysators erinnert daran, dass es am Ende auf die Fähigkeiten und Reaktionen der beteiligten Personen ankommt.

Natürlich hat auch diese Metapher Grenzen. Menschen reagieren miteinander nicht auf Basis von Naturgesetzen wie

Atome oder Moleküle. Inklusion entsteht da, wo Menschen miteinander in Kontakt kommen, sich mit gemeinsamen Anliegen zu beschäftigen, Wissen und Verständnis für ihre Mitmenschen mit anderen Fähigkeiten erarbeiten. Diese Prozesse erweitern spezifisch menschliche Kompetenzen; und sie sind in einer offenen Gesellschaft fundamentale politische Anliegen. Sie sind keine Produkte einer auf Inklusion programmierten Maschine. Deshalb muss Inklusionskompetenz erprobt und geübt werden. Dafür braucht es Räume und Begegnungen. Je mehr es davon gibt, umso besser funktioniert die Stadt als Katalysator der Inklusion.

1    Debschitz, Uta von; Debschitz, Thilo von: Fritz Kahn, Man Machine. Wien, New York, 2009. Nohr, Rolf F.: Nützliche Bilder. Bild, Diskurs, Evidenz. Münster, 2014, S. 164–179, 195–209. Sappol, Michael: Body Modern. Fritz Kahn, Scientific Illustration, and the Homuncular Subject. Minneapolis, London, 2017.

2    Kahn, Fritz: Das Leben des Menschen. Eine volkstümliche Anatomie, Biologie, Physiologie und Entwicklungsgeschichte des Menschen. 5 Bde. Stuttgart, 1926 bis 1931. Hier: Der Mensch als Industriepalast, Beilage zum fünften Band 1931.

3    Debschitz, Uta von; Debschitz, Thilo von: Fritz Kahn, Man Machine. Wien, New York, 2009, S. 172–187. Nohr, Rolf F.: Nützliche Bilder. Bild, Diskurs, Evidenz. Münster, 2014, S. 161–166. Sappol, Michael: Body Modern. Fritz Kahn, Scientific Illustration, and the Homuncular Subject. Minneapolis, London, 2017, S. 163–184.

4    Kahn, Fritz: Das Leben des Menschen. Eine volkstümliche Anatomie, Biologie, Physiologie und Entwicklungsgeschichte des Menschen. Bd. II. Stuttgart, 1927, S. 311.

5    Kahn, Fritz: Das Leben des Menschen. Eine volkstümliche Anatomie, Biologie, Physiologie und Entwicklungsgeschichte des Menschen. Bd. IV. Stuttgart, 1929, S. 236.

6    Ebd., S. 93.

7    Stiegler, Bernd: Der montierte Mensch. Paderborn, 2016, S. 276.

8    Vgl. u. a. Drux, Rudolf (Hg.): Menschen aus Menschenhand. Zur Geschichte der Androiden. Texte von Homer bis Asimov. Stuttgart, 1988. Felderer, Brigitte: Wunschmaschine und Welterfindung. Eine Geschichte der Technikvisionen seit dem 19. Jahrhundert. Wien, New York, 1996. Kegler, Karl R.; Kerner, Max (Hg.): Der künstliche Mensch. Körper und Intelligenz in Zeiten ihrer technischen Reproduzierbarkeit. Köln, 2002 (Reprint 2016).

9    Gerber, Andri; Patterson, Brent (Hg.): Metaphors in architecture and urbanism. Bielefeld, 2013; Gerber, Andri (2016): Prolegomena zu einer Stadtmetaphorologie. In: Common 6/2016, S. 6–11; Hnilica, Sonja (2012): Metaphern für die Stadt. Zur Bedeutung von Denkmodellen in der Architekturtheorie. Bielefeld, 2012. Zur Maschinenmetapher S. 143–176; Hnilica, Sonja (2016): Die Stadt als intelligente Maschine. Zum Eigenleben einer Metapher. In: Common 6/2016, S. 38–51. Ein Klassiker, der sich der Analyse der mechanistischen Denkweise widmet, ist Lewis Mumfords The Myth of the Machine (2. Band 1969). Für Mumford stellen der moderne autoritäre Staat und die moderne Stadt Megamaschinen dar, die eine Tendenz zur Gleichschaltung des Individuums unter technokratischen Zwängen entwickeln.

10    Mit dieser Aufzählung orientiere ich mich an Hnilicka 2012 und erweitere ihre Unterkapitel durch ergänzende Kategorien.

11    Vgl. Dittmann, Frank: Die Stadt als Maschine. In: Technik in Bayern 4/2014, S. 19.

12    Hierzu u. a. Bergius, Hanne: Im Laboratorium der mechanischen Fiktionen. Zur unterschiedlichen Bewertung der Stadt um 1914/1920. In: Stanislaus von Moos; Chris Smeenk (Hg.): Avant Garde und Industrie. Delft, 1983, S. 46–61. Moos, Stanislaus von: Le Cobusier und Gabriel Voisin. In: Stanislaus von Moos; Chris Smeenk (Hg.): Avant Garde und Industrie. Delft, 1983, S. 77–103. Zusammenfassend: Eaton, Ruth: Die ideale Stadt. Von der Antike bis zur Gegenwart. Berlin, 2003, S. 154–213; Lampugnani, Vittorio Magnago: Die Stadt im 20. Jahrhundert. Visionen, Entwürfe, Gebautes. Band II. Berlin, 2010, S. 753–778. Als zeitgenössische Quelle: Banham, Reyner: Theory and design in the first machine age. London, 1960. Banham, Reyner: Theory and design in the first machine age: The architecture of the well-tempered environment. London, 1969.

13    Wells, Herbert G.: Anticipations of the Reactions of Mechanical and Scientific Progress upon Human Life and Thought. London, 1901. Zu Wells' „Anticipations" als Dokument städtischer Entwicklungsprognosen um 1900 vgl.: Kegler, Karl R.: Deutsche Raumplanung. Das Modell der „zentralen Orte" zwischen NS-Staat und Bundesrepublik. Paderborn, 2015, S. 98–99.

14    Forster erklärte: „The Machine Stops is a reaction to one of the earlier heavens of H.G. Wells", Vorwort zu Collected Short Stories (1947), wieder abgedruckt in Forster, Edward Morgan: Collected Short Stories. Harmodsworth, 1997, S. xv–xvii, hier S. xvi. Vgl. auch: Hillegas, Mark R.: The Future as Nightmare. H. G. Wells and the Anti-Utopians. London, Amsterdam, 1967, S. 85–95.

15   Forster, Edward Morgan: The Machine Stops. Erstausgabe: Oxford and Cambridge Review, November 1909, S. 83–111, hier S. 90, 92–93 (Neuausgabe in: Forster, Edward Morgan: Collected Short Stories. Harmodsworth, 1997, S. 87–118).

16   Für den deutschen Kontext vgl.: Sieferle, Rolf Peter: Fortschrittsfeinde? Opposition gegen Technik und Industrie von der Romantik bis zur Gegenwart. München, 1984, S. 200–202.

17   Šenk, Peter: Capsules. Typology of Other Architecture. London, New York, 2017. Als zeitgenössische Quelle interessant ist: Dahinden, Justus: Stadtstrukturen für morgen. Analysen, Thesen, Modelle. Teufen, 1971. Dort finden sich auf der Doppelseite 20/21 Stadtstrukturen, die Forsters literarischer Fiktion nahekommen.

18   Sennett, Richard: Die offene Stadt. Eine Ethik des Bauens und Bewohnens. München, 2018, S. 179–211.

19   Selle, Klaus: Was? Wer? Wie? Warum? Voraussetzungen und Möglichkeiten einer nachhaltigen Kommunikation. Dortmund, 2000, S. 146–147.

20   Ebd., S. 172–173.

21   Benjamin, Walter; Lacis, Asja: Neapel. In: Frankfurter Zeitung vom 19.8.1925. Nachdruck in: Benjamin, Walter: Gesammelte Schriften. Bd. IV,1. Hrsg. v. Tillman Rexroth. Frankfurt am Main, 1972, S. 307–316, hier S. 309.

22   Wolfrum, Sophie: Porous City. From Metaphor to Urban Agenda. In: Wolfrum et al. (Hg.): Porous City. Basel, 2018, S. 9–12, hier S. 11. Im Original: „Porosity in its programmatic turn addresses both physical and social space, one of the few terms that incorporates both realms of urban space without compartmentalization". Übersetzung KK. Zur Einordnung des Textes in die Kunst- und Medientheorie Benjamins vgl.: Fellmann, Benjamin: Durchdringung und Porosität: Walter Benjamins Neapel. Von der Architekturwahrnehmung zur kunstkritischen Medientheorie. Berlin, 2014.

23   Wolfrum, Sophie: Porosity – Porous City. In: Wolfrum et al. (Hg.): Porous City. Basel, 2018, S. 17–19, hier S. 16.

24   Ebd., S. 17; Erben, Dietrich: Porous – Notes on the Architectural History of the Term. In: Wolfrum et al. (Hg.): Porous City. Basel, 2018, S. 26–31, hier S. 29. Interessanterweise kommentieren weder Wolfrum noch Erben die zweite Verwendung der Vokabel porös in dem von ihnen herausgestellten Referenztext: „Ausgeteilt, porös und durchsetzt ist das Privatleben. Was Neapel von allen Großstädten unterscheidet, das hat es mit dem Hottentottenkral gemein: jede private Haltung und Verrichtung wird durchflutet von Strömen des Gemeinschaftslebens. Existieren, für den Nordeuropäer die privateste Angelegenheit, ist hier wie im Hottentottenkral Kollektivsache." (Benjamin, Walter; Lacis, Asja: Neapel. In: Frankfurter Zeitung vom 19.08.1925. Nachdruck in: Benjamin, Walter: Gesammelte Schriften. Bd. IV,1. Hrs. v. Tillman Rexroth. Frankfurt am Main, 1972, S. 307–316, hier S. 314). Lacis und Benjamin betrachten das Alltagsleben Neapels in einer dichten Beschreibung als malerisches Bild aus der distanzierten Perspektive

nordeuropäischer Beobachter*innen, aber ohne fundiertes ethnologisches Wissen oder Interesse. Der Vergleich zum „Hottentottenkral" beinhaltet ein zivilisatorisches Vorurteil, wenn man berücksichtigt, dass zu Beginn des Jahrhunderts diese indigene Bevölkerungsgruppe der ehemaligen deutschen Kolonie Südwestafrika häufig als Beispiel für Menschen mit vermeintlich unterlegener Kultur angeführt wurde (vgl. Arndt, Susan: „Afrikafantasien, Wörter und Wörterbücher. Tradierte Schauplätze von „Rassen"theorien. In: Warnke, Ingo H. (Hg.): Deutsche Sprache und Kolonialismus. Aspekte der nationalen Kommunikation 1884–1919. Berlin u. a., 2009, S. 293–314, hier S. 297).

25   „In the modernist period, by contrast, the tendency has been to separate and distinguish spheres of life and activities in society: night from day, housing from working, reproduction from production, transport from traveling, etc.", Wolfrum, Sophie: Porous City. From Metaphor to Urban Agenda. In: Wolfrum et al. (Hg.): Porous City. Basel, 2018, S. 9–12, hier S. 10.

26   Feldtkeller, Andreas: Städtebau: Quartiere offen für Vielfalt. In: Berding, Nina; Bukow, Wolf-Dietrich; Cudak, Karin (Hg.): Die kompakte Stadt der Zukunft. Auf dem Weg zu einer inklusiven und nachhaltigen Stadtgesellschaft. Wiesbaden, S. 31–52, hier S. 35.

27   Ebd., S. 46.

28   Berding, Ulrich; von Hagen, Juliane; Havemann, Antje: Gemeinschaftsgärten im Quartier. Bonn, 2015.

klus I

STA

e

1.

Roman

Irmhild Saa

# Werkstattgespräch 4

# Wer baut die Inklusionsmaschine Stadt?

Ingenieurinnen, Akteure, Theoretikerinnen, Praktiker, Betroffene, Beobachterinnen. Wer gibt die besten Handlungsempfehlungen?

Man könnte bei Adam und Eva anfangen, quasi beim Ursprung der Unterschiede und der Begegnung zwischen Mensch und Mensch. Die Darstellungen des berühmten ersten Paares, von vielen Meistern in Öl gemalt, sind bekannt: Adam und Eva nebeneinander im Garten Eden, sich ihrer Verschiedenheit bewusst und hinter ihnen der Baum der Erkenntnis, von dem die Frucht stammt, deren Verzehr dann angeblich alles veränderte und zu den Konsequenzen führte, mit denen wir uns heute noch plagen.

Dass sich Menschen begegnen, ist normal, dass die Menschen verschieden und meist nicht gleichgesinnt sind, auch. Ebenso, dass es dadurch zu Differenzen und Konflikten kommen kann. Das ist per se noch kein Drama, im Gegenteil: Überraschende, fordernde Begegnungen entfachen Kreativität und Innovationen, sie machen die Stadt zu einem Erfolgsmodell des Austauschs und der Bereicherung.

Wie inklusiv das gebaute Modell aber ist und sein wird, hängt stark von seinen Konstrukteur*innen ab, denn es ist einerseits eine Frage des Raums, andererseits der Rollen. Welche Rolle spielen die Menschen im Stadtleben? Wie man etwas oder jemanden bezeichnet, beeinflusst wie man es oder sie oder ihn sieht. Die Wortwahl wird zum Etikett. Ist man Eva oder Adam, Frau oder Mann, Mitspielerin oder Zuschauer, jung oder alt, aus Syrien oder aus Deutschland? Oder ist man die junge Frau Eva aus Syrien, die mitspielt?

Spiel ist ernst zu nehmen: Ein simpler Bolzplatz zwischen einem Kinder- und Jugendzentrum und einem Geflüchtetenprojekt ist vielleicht nicht unbedingt das Sinnbild eines Paradieses, aber hier findet man es – das Beispiel einer gelungenen Konstruktion in der Inklusionsmaschine Stadt. Der Einsatz gegen den Abriss dieses einfachen Bolzplatzes machte ihn schon im Verhandlungsprozess zu einer sozialen Andockstelle und eine räumliche Schnittstelle in der Stadt, zu einer Plattform für Kontakt und lautstarke Bürger*innen. Hier war und ist Austausch möglich, hier konnten und können solidarische Mitspieler*innen gefunden werden, Verbundenheit mit und Unterstützung von Ideen, Aktivitäten und Zielen anderer entstehen.

Was wir daraus lernen können? Konstrukteur*innen, die an der Inklusionsmaschine Stadt bauen, sollten Differenz einplanen, das heißt, Räume entwerfen, die Differenz ermöglichen, deren selbstverständliche Zugänglichkeit Schwellenangst ausräumt, die in der Lage sind, zu Initiative, Mitgestaltung und Solidarität anzustacheln, aber auch das Gegenteil ertragen können.

Konstrukteur*innen sind auch diejenigen, die in die Rolle der Vermittler*innen schlüpfen, die im Dazwischen arbeiten. Concierges beispielsweise – so wie wir sie heutzutage aus großen Hotels kennen–, die auf individuelle Ansprüche reagieren, Privatsphäre respektieren und schützen, eine Verbindung zur Öffentlichkeit repräsentieren und ein Händchen dafür haben, eine angenehme Stimmung zu verbreiten, zu bereiten. Die es – als Pförtner, Hausmeisterin und Diener – verstehen, den (Planungs-)Prozess Inklusion zu warten und zu pflegen, zu justieren, zu reparieren sowie zu aktualisieren. Als eine*r von vielen, denn mitbauen können alle: Bürger wie Politikerinnen, Planer und Spielerinnen, Concierges ebenso wie Adam und Eva.

**Ausschnitte aus dem Gespräch mit**

**Roman Leonhartsberger** (R.L.) Architekt und Stadtplaner, pan m architekten München/Zürich

**Irmhild Saake** (I.S.) Soziologin, Ludwig-Maximilians-Universität München

**Matthias Weinzierl** (M.W.) Kommunikationsdesigner, Bayerischer Flüchtlingsrat, Bellevue di Monaco

**Susann Ahn** (S.A.) Moderation

# Mitbringsel

M.W.: Ich habe Unglaubliches mitgebracht: einen Ziegelstein. Es ist ein unglaublich historischer Ziegelstein, ein Stück vom Bellevue di Monaco. Ich weiß nicht, ob es Ihnen bekannt ist: Wir haben uns von der Stadt drei Häuser ergaunert. Das Älteste ist ein 120 Jahre altes Haus, in dem mittlerweile geflüchtete Familien leben. Dieser Stein wurde von ehrenamtlichen Rentner*innen mit einer Hilti aus der Wand geschlagen. Um nachhaltig zu sein, haben wir die Steine gerettet, sie liegen bei uns im Garten für potentielle neue Mieter*innen, für irgendwelche Kleinsttiere. Ein Stück Stadt quasi. (…)

> Das Bellevue ist eine Sozialgenossenschaft. Wir haben in einem Jahre dauernden Protest drei Häuser am Viktualienmarkt gerettet. Es sollten nicht nur die Häuser einem Neubau platzmachen, sondern auch ein kleiner Sportplatz, der aber eine wichtige Funktion hat, denn in dem Viertel gibt es nicht mehr viele Bolzplätze. (…)

Dann ist die Idee entstanden, im Zentrum der Stadt einen Ort zu haben, wo Geflüchtete und Nicht-Geflüchtete zusammentreffen können. (…) Inzwischen wohnen Leute hier, wir haben ein Café, wir haben ein Kulturzentrum. Es geht darum, wie die Stadt für Gruppen, die eigentlich wenig Zugang haben, die aus der Gesellschaft ausgeschlossen sind, eigene, feste Orte schafft. Das Bellevue möchte so ein Ort sein.

> R.L.: Wohnen ist in der dichten Stadt einer der Schwerpunkte, die man verhandeln muss. An der Grenze zum Wohnen entsteht die Stadt, entsteht die Grenze zu Öffentlichkeit. An dieser Schnittstelle arbeiten wir.
>
> Ich habe ein Filmstill aus dem Film „Grand Budapest Hotel" von Wes Anderson mitgebracht. Man sieht darauf einen Mann, der den Concierge gibt im Hotel, bereit hinter seinem Tresen. Wenn man über Barrierefreiheit in der Stadt und Inklusion von unterschiedlichen Bewohner- und Nutzergruppen spricht, ist es unmöglich, alle Schwellen, alle Differenzen wegzubekommen. Entwerfen handelt daher vom Gestalten der Differenzen, der Unterschiede, der Schnittstellen. Wie muss eine gute Schnittstelle aussehen? Wer ist eine gute Schnittstelle?

150

I.S.: Ich habe gezeichnet und ein Zitat mitgebracht. Eine Darstellung, wie sich in der modernen Gesellschaft unser Stand in dieser Gesellschaft verändert hat. (…) In der traditionellen Gesellschaft war der oder die Einzelne jeweils fest platziert und wusste, wo er oder sie stand. Was wir jetzt als Individualisierung kennen, würde man als Gesellschaft beschreiben, die aus unterschiedlichen Teilbereichen besteht (Wirtschaft, Wissenschaft, Religion, Politik, Recht, Medizin usw.). Es gibt unterschiedliche Zugriffsmöglichkeiten auf die Welt. Der oder die Einzelne steht außerhalb, nicht fest eingebunden. (…) Wir nehmen teil an all den Geschichten und sind frei, uns selbst zu bestimmen, aber haben auch den Zwang, dies zu tun. Eine interessante Bedingung bei der Frage nach Inklusion: Möchten wir Gruppenidentitäten haben oder Individuen? (…) Oder gehen wir von gleichermaßen gleichen Menschen aus? (…) Haben Menschen, mit denen wir zu tun haben, dauerhaft ein Merkmal? (…) Für meine Generation ist das erklärungsbedürftig, da man das als Errungenschaft gesehen hat, nicht von vornherein festgelegt zu sein. (…) Aber die nächste Generation kann es sich durchaus vorstellen, ein Merkmal der Unterschiedlichkeit zu haben.

Der kühle Satz der soziologischen Gesellschaftstheorie zur Frage nach der Inklusion würde lauten: Inklusion und Exklusion können sich nur auf die Art und Weise beziehen, in der im Kommunikationszusammenhang Menschen bezeichnet, also für relevant gehalten werden. Das heißt, man ist nicht schon von vornherein irgendetwas (im Sinne der traditionalen Gesellschaft), sondern was wir sind, sind wir nur aufgrund der Kommunikationen, das heißt, wie wir angesprochen werden, so sind wir dann auch. Wir sind wechselweise, Wähler*innen, Konsument*innen, Patient*innen und können diese Rollen alle abwechselnd bedienen und genießen – auch zwischen den Rollen zu wechseln.

# Marginalisierte Gruppen, Label und Zuschreibungen

S.A.: Ein ganz spannender Punkt. Man ist nicht von vornherein inkludiert oder exkludiert. Wir wollen bewusst das Feld weiten und nicht nur über Menschen mit Behinderungen sprechen, sondern über marginalisierte Gruppen ganz allgemein. Ist es wirklich eine Frage der Kommunikation?

**M.W.:** Was ist denn ein Flüchtling eigentlich? Nur weil ich mein Herkunftsland verlassen musste, bin ich plötzlich nicht mehr alt, jung, Frau, Mann, Akademiker*in oder ungeschult, sondern ich bin plötzlich ein Flüchtling. Ein Label, das man nicht mehr verliert, vielleicht ähnlich wie wenn man das Label „behindert" hat. Das ist auch ein Ziel, das wir mit unserer Arbeit verfolgen, diesen Menschen dieses Label wieder weg-zunehmen. Wir wollen, dass die Leute wieder ihre Talente zeigen können.

**S.A.:** Wie macht man das, die Zuschreibung wieder wegzunehmen?

**M.W.:** (…) Es gab die große Diskussion „citizens and non-citizens": Wer darf sprechen für wen? Dürfen Unterstützer*innen überhaupt für Geflüchtete sprechen, oder können die das nur selber?

Ich würde es runterkochen: Wie möchte man zusammenleben und wie sieht man seine Mitmenschen? (…) In einer Stadt, in der Menschen im Container leben müssen und ein Zaun darum gemacht ist und ein Sicherheitsdienst davorsitzt, kann man sich entscheiden: Findet man das gut oder findet man das schlecht? Wenn man es nicht gut findet, ist man irgend-wie gezwungen, was dagegen zu machen. Und wenn man Freund*innen hat, die in so einem Ding leben, dann gibt's überhaupt gar keine Frage.

**S.A.:** Inwiefern ist das eine individuelle Sache, oder gibt es da auch eine gesellschaftliche Ebene?

**I.S.:** Wie sieht es denn aus, wie stellt man sich das vor, wenn Flüchtlinge aufgenommen werden? Wir möchten gesellschaftliche Andockstellen unter-suchen (Arbeitsplatz, medizinische Versorgung, Verwaltungen, schulische Systeme und in München speziell: der kulturelle Bereich), um dann jeweils zu schauen: Wie unterschiedlich sieht eigentlich der Zugriff auf Flüchtlinge aus, je nachdem aus welcher Perspektive man das sieht.

Wir würden gerne unterscheidungsfrei kommunizieren, aber das geht nicht, denn in Situationen sehen wir uns einfach in konkreten Gestalten (Mann, Frau etc.) Die entscheidende Frage wäre aber: Wie stabil sind diese Zuschreibungen? Wie stabil werden sie auch durch bestimmte räumliche Kon-figurationen? Ein Container macht so eine Zuschreibung stabil. Die Leute haben keine andere Möglichkeit.

Matthias Weinzierl

Roman Leonhartsberger

Irmhild Saake

# Andockstellen: Kristallisations-punkte der Öffentlichkeit

S.A.: Welche Instrumente gibt es aus städtebaulicher Sicht, wer ist derjenige, der solche Zuschreibungen auflösen kann?

R.L.: Es gibt Akteur*innen, die arbeiten in ihren eigenen Projekten, ihren Berufen, als Teilnehmer*innen der Öffentlichkeit einer Stadt. Die Öffentlichkeit ist keine homogene Zone, in der sich alle gleich bewegen – das wäre eine Illusion. Der städtische Raum ist eine hart umkämpfte Ressource, die unter vielfältigen Beanspruchungen, Zuschreibungen und Interpretationen steht. Du machst nicht die Wohnungstür hinter dir zu und bist in der Öffentlichkeit; es ist vielmehr, wie wenn man durch einen riesigen Dschungel aus WLAN-Netzen läuft, nur bestehend aus Einflusssphären unterschiedlicher Akteursgruppen und Zuschreibungen im Stadtraum. Darin gibt es Kristallisationspunkte der Öffentlichkeit (Saake: Andockstellen), das sind ganz wichtige Punkte, an denen die Zuschreibungen verhandelt werden können, doch das können sie nur, wenn sie zum Tragen kommen, wenn die Kommunikation stattfindet.

# Sichtbarkeit: ein Ort im Zentrum

R.L.: Wo bilden sich wirklich die Bedingungen zwischen dem Öffentlichen oder der Öffentlichkeit und marginalisierten Gruppen ab? Das sind räumliche Bestandteile der Stadt, die öffentlich oder publikumsorientiert sind, sie können auch kommerziell oder kommerzialisiert sein oder aber auch der augenscheinlich rein öffentliche Stadtraum, ein Bereich, der zum Teil in Bezug auf Zuschreibungen oder Programm auch unterbestimmt ist.

Wie ist das Modell des Cafés im Bellevue di Monaco? Ich habe es immer wahrgenommen als ein gegenseitiges Angebot, Austausch zu betreiben; ein Raum, der bestimmt ist (Hausordnung, Öffnungszeiten usw.) und so eine Schnittstelle sein könnte.

M.W.: Als wir das Café geplant haben, haben wir tatsächlich eine Concierge-Theke mit angelegt. Es ist ein ganz konventionelles Café auf der einen Seite, es ist aber nicht allein das: Wir wollten eine Anlaufstelle kreieren und haben eine Zwischenebene im Café, auf der an vier Tagen kostenlose Beratung stattfindet. Ein niedrigschwelliger Ort, nicht wie auf dem Amt, wo man auf dem Gang wartet, bis man drankommt. Es gibt keinen Konsumzwang, man kann sehen, ob man Vertrauen hat. Die Idee ist, dass sich die Marginalisierten mit den angestammten Glockenbachviertel bewohner*innen mischen und dadurch schon erste Kontakte entstehen. Kontakt und Austausch sind der Anfang von allem.

R.L.: Die Frage ist ja heute: Wer macht das? Die Institutionen, die bürgerschaftlichen Organe – sicherlich, aber auch die einzelnen Teilnehmer*innen der Zivilgesellschaft, der Bürgerschaft. (…) Alle bauen die Stadt, das ist wirklich wichtig. Auch, wie Irmhild Saake gerade gesagt hat, dass Pole der Stabilität wichtig sind, da die Instabilität den Normalzustand darstellt in der Gesellschaft. Wer baut die Stadt? Die Akteur*innen sind einfach alle, die da sind. Wir bauen alle zusammen die Inklusionsmaschine Stadt. Die Frage ist: Wie gut bauen wir sie? Wer baut sie besonders stark, hat ein großes Interesse daran, dass sie besonders inklusiv ist? Und welche Gruppen sollte man besonders fördern oder zur Teilnahme animieren? (…)

Ein sehr interessanter Aspekt ist dabei die Sichtbarkeit. Die gesellschaftliche Bedeutung von Gruppen wird ja doch noch durch ihre analoge und körperhafte Sichtbarkeit, ihre Teilhabe an der Stadtgesellschaft in analoger Form, bestimmt. Gerade in einer Residenzstadt wie München, die radial-zentrisch organisiert war. Die Sichtbarkeit, mit der Ressource Zeit im Rücken. (…) Die Frage ist: Wo sind die Leute? Wo ist deren Möglichkeit, am öffentlichen Leben in der Stadt teilzuhaben? Denn die Schwerpunkte der öffentlichen Orte sind eine begrenzte Ressource.

S.A.: Matthias, ist die Sichtbarkeit ein Teil eures Projektes oder eher die Unsichtbarkeit? Habt ihr es bewusst ins Herzen Münchens gelegt?

M.W.: Der Ehrlichkeit halber muss man sagen: Es waren zuerst die Gebäude da – dann ist die Idee entstanden: Wie cool wäre es denn eigentlich, einen Ort im Zentrum zu haben, nicht am Rand der Stadt, quasi in der guten Stube der Stadt München? Wem gehört die Stadt?

Das Besondere an unserem Projekt ist aber auch der Rückhalt in der Zivilgesellschaft.
Das zeigt, wir haben Einfluss, wir können die Stadt mitgestalten. Das ist wichtiger als man glaubt. Es gibt die Solidarity-City-Bewegung, die sagt: Die eigentlich wichtigen Andockstellen sind nicht mehr die Nationalstaaten, sondern die Kommunen, die großen Städte. Die Stadtgesellschaften, die sich plötzlich anders verhalten und voranschreiten. (…) Ein Stadtrat funktioniert anders als ein Nationalparlament.

Es geht um konkrete Sachen. Wir haben in fast allen Fraktionen Partner*innen.

# Die Stadt: ein Ort, an dem Ungleichheit zum Problem wird

I.S.: Ich würde nicht unterschätzen, was das bedeutet, was dann entsteht. Die Stadt ist der Ort, an dem Ungleichheit zum Problem wird. So eine Stadt wie München bietet viel Anlass, das zu problematisieren. Das hat natürlich auch mit Sichtbarkeit zu tun. Die Leute müssen herausgelöst werden aus den traditionalen Strukturen, wo ihnen so klar ist, wo sie hingehören. Ich bin eine*r, der oder die … – und der ist eine*r, der oder die … Dadurch entsteht die Fantasie: Es könnte auch anders sein. Und die Leute fangen an das, was für sie so feststeht, für beweglich zu halten und lösen sich davon. Bis hin zu der Frage: Sind wir als Bürger*innen nicht relevanter als diejenigen, die das Geld haben, diese teuren Flächen in der Stadt zu kaufen? Das ist erstmal ein Anspruch, der dann verhandelt werden muss. (…) Die Fantasie, dass man das politisch so gestalten kann, obwohl man weiß, die ökonomischen Realitäten sind ganz andere.

S.A.: Wir haben vorher diskutiert, wie das Verhältnis formeller und informeller Kräfte zusammenhängt: Inwiefern braucht es institutionelle Rahmenbedingungen, dass so etwas möglich ist? Oft wird man als Aktivist*in oder als Gegner*in gesehen. Wie kann eine Zusammenarbeit funktionieren?

I.S.: Wenn man sich anschaut (bei den Geschichten mit den ersten Geflüchteten), auf wie viele Partner*innen ihr (angesprochen sind Matthias Weinzierl und der Flüchtlingsrat) verweisen könnt. Es ist schon interessant zu sehen, dass diese Ebene des Aktiv-Werdens für Bürger*innen offenbar die plausibelste Form geworden ist. Die Frage ist, welche Wirkung das dann haben kann.

R.L.: Das zivilgesellschaftliche Engagement in einer Stadt, in der eigentlich die großen Mechanismen von ganz anderen Kräften getrieben sind als nur von normaler bürgerschaftlicher Einflussnahme per Wahlzettel, geht darüber hinaus. Das sind Leute, die sich engagieren, die rausgehen, die das Bild einer Stadt (was man sieht, wen man sieht, wie man sie sieht (…)) mitbestimmen wollen. Und zwar in ihrer Freizeit!

# Stadt als Aushandlungsraum

M.W.: München ist ein hartes Pflaster, denn es ist eine unglaublich reiche Stadt, die Freiräume sind minimal. Und da sind wir nur ein Feigenblatt. Die Stadt hat einen ganz anderen Bedarf. Obdachlosigkeit in der Innenstadt werden sie nicht finden. Wir sind eine Stadt, die Obdachlosigkeit fast unsichtbar gemacht hat. Man sieht sie nicht, sie haben in der Innenstadt nichts zu suchen. Warum haben wir (in der Innenstadt) nur Zwischennutzungen, die in die kommerzielle Richtung gehen? Warum machen wir nicht auch mal was, wobei es nicht um eine kommerzielle Verwertbarkeit geht. Wir trauen uns was – und schaffen Freiräume für alternative Geschichten, wo wir mal andere zum Zug kommen lassen.

R.L.: Zum einen braucht es dazu engagierte Menschen, die dieses alternative Kulturprogramm durchsetzen und diese Freiräume suchen. Genauso wichtig ist aber der Zugang zum formalisierten, klassischen Kulturprogramm (Bildung, Museen, Theater, (…)). Das muss einfach offen sein für alle. Das ist genauso wichtig, sonst trennt sich die Stadt noch mehr in innen und außen. Es ist wichtig zu sehen, dass es die Möglichkeit der Teilhabe und Teilnahme für jede*n in diesen beiden Bereichen geben kann.

I.S.: Teilnahme/Teilhabe finde ich perfekt! Aber was wollen wir mit diesen Gruppen machen? Wir haben zum Teil so Gemeinschaftsfantasien. Ich würde dagegen auch eine städtische Vorstellung von getrennten Gruppen setzen. Wie weit können wir das aushalten, dass in München die Gruppen getrennt sind?

R.L.: Da hat Herr Dorner in der letzten Runde gesagt: „Widersprüche aushalten und verhandeln."

I.S.: Wie inklusiv ist so eine Stadt eigentlich? Was möchte so eine Öffentlichkeit und was nicht? Aber auch unter der Bedingung des Getrenntseins? Das Getrenntsein ist etwas, das wir uns als Idee erarbeiten müssen: Also so eine Szene wie wir: Bildungsbürgerliche Mittelschicht, die kommt auf Gemeinsamkeit, dass es besser ist, wenn alle zusammen am Tisch sitzen und jeder isst, was die anderen essen. Aber das ist nur ein Ausschnitt.

> **M.W.:** Eine Stadt ist auch eine Debatte: Widersprüche auszuhalten, heißt aber nicht Gefährdungen zu übersehen. Und wenn ein Konsens oder ein Miteinander in Gefahr ist, dann müssen wir uns als Stadtgesellschaft damit befassen (z. B. Pegida) und wir müssen uns verorten und sagen: „Da wollen wir nicht hin." Gefährlich wird es, wenn man die Debatte nicht mehr führt. Wir haben gesagt: „Platz da, Flüchtlinge sind hier willkommen!" Das ist ein Statement. Eine Stadt muss ein Statement haben. (…)

Wir brauchen Orte, wo diese Debatten stattfinden können. Wo sind die? Wo kann sich eine kritische Stadtbevölkerung artikulieren? Wenn diese Orte verschwinden, weil diese Freiräume verschwinden, dann tun wir uns schwer. Da ist meine Angst, dass in München diese Orte auch fehlen, die Foren, wo man unkommerziell sein kann, wo man kein Geld mitnehmen muss.

> Es gibt die große Diskussion: Wie kann man die Isar als Kulturstrand attraktiver machen? Ich bin da unter Druck. Lasst doch die Isar unkommerziell. Kann eine Stadt nicht solche Brachflächen aushalten? Schließe ich nicht all diejenigen aus, die jetzt die Isar nutzen?

Vielleicht muss man das wie eine Schutzzone sehen, um die man kämpfen muss: Die Isar lassen wir jetzt frei und da können alle sein.

> **R.L.:** Zumal ein Straßenraum nach dem anderen in der Altstadt komplett dem Kommerz anheimgegeben wird. Wenn man davon spricht, wie Stadt möglichst inklusiv sein kann, wenn sie als Stadtraum erst mal nur da ist. (…) Wie denke ich Inklusivität im Stadtraum? Was für Nutzungsformen müssen unterstützt werden? Wie kann es sein, dass wichtige Routen durch die Innenstadt plombiert werden mit Fußgängerzonen, was dem heutigen Anspruch an einen gemischten Stadtraum nicht gerecht werden kann, da es Räume generiert, die nur benutzbar sind, um zu konsumieren. Nach 20 Uhr ist alles dicht, alles ruhig, alles sauber. Das Einzige, was man machen kann, ist shoppen – und Flöte spielen.

> **I.S.:** Was du beschrieben hast, ist der Gegensatz von Konsumhandlungen und ein „Es sollte auch irgendetwas anders geben". Was macht den Unterschied aus? Konsumhandlungen ordnen sich wundersam selbst und sind deswegen so stabil und produzieren so ordentliche

Straßen. Wenn man sich die Isar ansieht im Sommer, muss man schon ganz schön viel unternehmen, um sie wieder sauber zu bekommen. Was gefällt uns nicht an den Konsumhandlungen? Was machen sie aber für eine Art sozialer Ordnung?

Wenn man Plätze konsumfrei halten möchte: Wie können Strukturen entstehen, dass sie dauerhaft genutzt werden? Eine Stadt muss Geld in die Hand nehmen, um diese Orte zu öffentlichen Räumen zu machen, die auch gepflegt werden. (…) Wenn alles offen ist, bedienen sich die Leute, dann sehen die Bedingungen anders aus. Wie schafft man also einen guten Rahmen?

M.W.: Das ist genau der Punkt. Wenn ich denke: „Meine Isar", dann achte ich da auch drauf, dann ist das mein Ort. Wem gehört die Stadt?

I.S.: Das sehen aber nicht alle so!

M.W.: Natürlich nicht! Das ist ein Prozess: Widersprüche aushalten!

R.L.: Die Unschärfen, die Konflikte, das Knirschen in der Stadt sind wichtig. Irgendwann stören sich dann ein Haufen Leute daran, dass die Isar zu dreckig ist, und dann wird sich was ändern. Hoffentlich nicht durch restriktive Maßnahmen, sondern dadurch, dass die Leute sagen: „Da müssen vielleicht wir mit anpacken!" Das sollte in allen Räumen, nicht nur den öffentlichen Räumen der Stadt, eine Maßgabe sein: dass man versucht die Aushandlungen zwischen verschiedenen Gruppen, die unterschiedliche Vorstellungen haben, zu provozieren oder zumindest bestmöglich zu ermöglichen. Die Stadt als Aushandlungsraum.

# Differenzmaschine Stadt

Die Grundübereinkünfte unserer Gesellschaft sind Gegenstand konstanter Diskussion wie selten in den vergangenen Jahrzehnten. Vor dem Hintergrund einer unabsehbarer gewordenen globalen Situation wiegt diese vielleicht schwerer als manche Debatten, die vor dem geopolitschen Hintergrund der Bonner Republik geführt wurden. Gleichzeitig haben die Fortschritte der letzten Jahre ein geschärftes Bewusstsein für **Vereinbarungen und Verwerfungen** erzeugt, und grundsätzliche Fragen der gesellschaftlichen Verständigung werden auch auf fachliche Einzelbereiche projiziert. Der Diskurs um die Inklusion von marginalisierten Gruppen wird auf der Ebene der technischen Voraussetzungen und Normierungen im Bauen sichtbar, durchzieht zumindest implizit jedoch weite Teile von Urbanismus, Städtebau und Architektur als verhältnismäßig langsam wirkende Disziplinen, welche für die Bedingungen des Zusammenlebens besonders wichtig sind.

Inklusion ist nicht Kür, sondern Kernmechanismus einer offenen Gesellschaft und eine Alltagspraxis, deren Erfolg oder Misserfolg im städtischen Raum wie unter einem Brennglas sichtbar wird. Wie muss die Stadt beschaffen sein, um diese, ihr in besonderem Maße zukommende, Aufgabe bestmöglich zu erfüllen? Interessant scheint hier – neben wirtschaftlichen und politischen Einflussgrößen – vor allem die Überlegung, wer sich im Rahmen von zivilgesellschaftlichem Engagement dazu aufgerufen fühlen muss, aktiv zu werden, und nicht zuletzt, wie die Verantwortung von Planer*innen zu verstehen ist.

**Die Stadt des Alltags** als Maßstab und damit die Prämisse des alltäglichen Zusammenlebens sowie einer Ermächtigung aller gesellschaftlichen Gruppen zur Teilnahme am gesellschaftlichen Austausch müssen den argumentativen Rahmen zur Ausleuchtung des Begriffes bilden. In diesem umfassenden Sinne muss Inklusion auf die Notwendigkeit der Einbindung aller sozialen, ethnischen, sprachlichen und kulturellen Gruppen gerichtet sein, inklusive aller Individuen, die geistig, körperlich oder gesundheitlich bedingt benachteiligt werden. Dieser Anspruch richtet sich im Sinne einer pluralen Gesellschaft an marginalisierte wie auch an andere Teilgruppen. Inklusion ist somit im Zusammenhang einer individualisierten Gesellschaft zu verstehen und bringt deren Herausforderungen an die Selbstverortung und Gruppenidentifikation jeder und jedes Einzelnen mit.

In der Gesellschaftstheorie wird Inklusion als ein Konzept diskutiert, das die Einbeziehung einzelner Individuen – deren Funktionen in Bezug auf die Gruppe situationsbedingt unterschiedlich ausfällt – in verschiedene gesellschaftliche Subsysteme beschreibt. Demnach kann sie nicht als ein endgültiger Zustand der Verortung oder Assimilierung verstanden werden, sondern beschreibt die aktive und wechselseitige Aushandlung von Zugehörigkeiten und Rollenzuschreibungen.

Diese Mechanik der Einbindung und wechselseitigen Akzeptanz muss, sobald wirtschaftliches Gefälle oder soziale Abhängigkeiten hinzukommen, in den Bereich der Solidarität wechseln – ein Wert, ohne dessen tragende Rolle die Durchsetzung von Grundrechten nicht vorstellbar ist. Eine Gesellschaft, deren humanistische Grundidee und Wirtschaftsordnung durch **Solidarität** mit Schwächeren und das Streben nach Chancengleichheit geprägt ist, kann diesen Wert nicht zur Diskussion stellen, ohne ihr gesamtes humanistisches Wertesystem infrage zu stellen.

Aber wie kann man sich einem Leitbild für Inklusion in Urbanismus und Städtebau nähern? Das alte, **statische Modell der Stadt** steht seit Längerem unter Druck. Die Erosion herkömmlicher sozialräumlicher Zuordnungen durch Gentrifizierung, demografische Umwälzungen und Segregation wirft – gemeinsam mit dem sich ausweitenden Einfluss globaler Wirtschaftsbedingungen, der Digitalisierung und einem immer allgegenwärtigeren Mobilitätsanspruch – die Frage auf, wie Verteilung von Wohlstand, Aushandlung von Interessen und der Schutz marginalisierter Gruppen im städtischen Raum gleichzeitig gestaltet werden können. Diese in Bewegung geratenen Bedingungen der Stadt – allen voran Wohnungsbau und Stadtentwicklung – werden verstärkt durch wirtschaftliche Kräfte gesteuert, Öffentlichkeit und Verwaltung bleiben nur noch eine kommentierende und moderierende Rolle. Umso deutlicher muss die tragende Verantwortung von Investor*innen, Legislative und Zivilgesellschaft inklusive der Planer*innen werden.

Lösungsansätze kann hier der alte Topos vom „Entwerfen der Differenzen" bieten – ein Grundgedanke, der dabei hilft, ein produktives Gegenbild zur Konfliktvermeidung der traditionell geprägten Planungsmechaniken zu zeichnen.

Ziel: das aktive Gestalten von Unterschieden und Schnittstellen, von Kontaktsituationen und dem aktiven Verhandeln ihrer Bedingungen, und das erst langsam in Planungspraxis und Öffentlichkeit einsickernde Verständnis der entstehenden Differenzen und Konflikte als positive Reibungswärme einer urbanen Aushandlung. Diese raren Gelegenheiten zum produktiven Austausch können auch als Übungs- und Ausübungsfeld der zivilgesellschaftlichen Pflicht zu Einigung und Kompromiss verstanden werden. Widersprüche müssen verhandelt werden, dazu muss die Gelegenheit hierzu aufrechterhalten werden. Die Antizipation und Moderation dieser Differenzen und ihrer Dynamiken werden künftig Hauptaufgaben in der Stadt darstellen. Architekt*innen und Planer*innen können hier als Mittler*innen und Entwerfer*innen maßgeblich Einfluss auf den Erfolg des Zusammenlebens nehmen, wenn ihnen die dafür notwendigen Handlungsräume gegeben werden.

Räumlichkeit umfasst Aspekte der Zugänglichkeit und der Sichtbarkeit, diese sind wiederum zentrale Voraussetzung von Teilhabe. Im Hinblick auf städtische Situationen haben klassische Parameter nach wie vor Relevanz: Die Teilhabe an der kulturellen Ressource Stadt, ihre räumlichen wie funktionalen Zentralitäten und die damit einhergehende, herkömmliche analoge Sichtbarkeit des Individuums sind immer noch grundlegend für die Stadtgesellschaft. Gerade im öffentlichen Raum wirft dies die Frage nach Akzeptanz und Deutungshoheit auf und verändert den alten Schlachtruf „Wem gehört die Stadt?" in „Wem muss sie gehören?" – womit gemeint ist: Wer muss sich für ihre Bedingungen mitverantwortlich fühlen? Trotz Durchdringung aller Lebensbereiche und zunehmendem Gewicht digitaler Dienste in der Organisation des Alltags der Einzelnen müssen die konkreten, „analogen" Bedingungen und Qualitäten der Stadt bei den Entscheidungsprozessen im Mittelpunkt stehen. Genauso wichtig, wie der Frage nachzugehen, wie die **Digitalisierung** helfen kann, diese zu stützen und zu entwickeln, ohne zum Selbstzweck zu werden, ist es, die Unabhängigkeit beider Welten im Blick zu behalten. Zu leicht gerät der kommerzielle und daher von Haus aus weder öffentliche noch unabhängige Charakter praktisch aller digitaler Dienste im Alltag in Vergessenheit. Andererseits kann die nicht digitale Bereitstellung von Dienstleistungen des alltäglichen Bedarfs für alle Gruppen auch als Aktivierungsmethode für Räume und als Vehikel zum gesellschaftlichen Austausch eingesetzt werden.

Teilhabe ist hier als aktive und passive, jedoch immer konkrete und körperliche Teilhabe an den Räumen und Angeboten der Stadt zu verstehen mit dem grundlegenden Verständnis, dass Aushandlung nur über Kommunikation und informellen Austausch bewerkstelligt werden kann. Besonders wichtig ist daher die Stärkung **unkommerzieller Räume**, programmiert oder offen: Sowohl das Glück, auf mitunter unkommerzielles, inklusives Programm in einzelnen gemeinnützigen Initiativen zählen zu können, als auch die Notwendigkeit, öffentlichen Raum von der kommerziellen Wertschöpfung frei- und damit allen Gruppen zugänglich zu halten. Programme dieser Art entziehen sich der Logik wirtschaftlicher Einflussnahme und lassen assoziative Zuschreibungen zu: Es kann sich ein offenes Geflecht an Rollen und Gruppenfunktionen bilden. Auch zwischen diesen Bereichen und der Öffentlichkeit gibt es neue Funktionen in der Aushandlung. Player, Recipients, Concierges, Entwerfende und Agierende können an diesen Räumen arbeiten. Im Idealfall bilden sie Pole der Stabilität im städtischen Gefüge, Inseln der Ruhe und Adressen des Austausches aller Gruppen, ob marginalisiert oder nicht. Solche räumlichen Bedingungen dienen als zentraler Pfeiler gesellschaftlicher Zuschreibung und in Zeiten von Digitalisierung und sozialer Mobilität als verhältnismäßig träges System in der Landschaft urbaner Dynamiken. Dies illustriert, dass das Aufrechterhalten von

Bedingungen oft eine wichtigere Orientierung beim Kampf um eine inklusive Stadt darstellt als die Frage nach technischen Bedingungen oder einem konkreten Programm.

Schließlich ist es die knappe **Ressource Zeit**, die als bestimmender Faktor für Zentralität entscheidet, wer wie oft die Möglichkeit hat, an der städtischen Öffentlichkeit und ihrem kulturellen und institutionellen Angebot teilzuhaben. Zumal Zentralitäten nicht beliebig herstellbar sind, ist es wichtig, sowohl periphere Wohnlagen als auch die innerstädtische Landschaft ausreichend mit offenen Schnittstellen und unterbestimmten oder mehrfachbestimmten Räumen mit einer gewissen Deutungsoffenheit auszustatten.

Das Gestalten von Differenzen in der Zivilgesellschaft, die Notwendigkeit von Aushandlung und die Arbeit an Bedingungen, Situationen und Orten, an denen diese Aushandlung fruchtbar geführt werden kann, ist wie Wohnungsbau und Stadtplanung letztlich eine gesamtgesellschaftliche Aufgabe. Sie muss sich an alle Teilgruppen richten und möglicht viele von ihnen einbeziehen, Marginalisierte und Nichtmarginalisierte. Neben Planer*innen zählt hierzu auch die Öffentlichkeit, deren Akzeptanz gegenüber Anomalitäten, Störfaktoren, pluraler Auslegung vor dem Hintergrund von vorherrschenden Normen und Erwartungen gestärkt werden muss. Dies betrifft besonders Gestalter*innen von Wertschöpfungsmechaniken, die gegebenenfalls auch im Widerspruch zu ökonomischen Realitäten handeln lernen müssen, um die langfristige Leistungsfähigkeit der städtischen Systeme zu erhalten. Diese Qualitäten sind zentral für die gesellschaftliche Leistungsfähigkeit der Städte und müssen aktiv hergestellt, gefördert und geschützt werden. Ein Beispiel: Ein sonniger zentraler Park im Zentrum einer prosperierenden Metropole ist nur dann ein wertvoller öffentlicher Raum, wenn auch potentiell störende Nutzungen nicht durch zahlungskräftige und einflussreiche Nachbar*innen untersagt werden können. Diese Gewährleistung von Offenheit ist auch Aufgabe des Städtebaus bzw. der Stadtplanung sowie der verwandten Prozesse und Disziplinen wie Bauwirtschaft, Normierung, Gesetzgebung, aber auch des Diskurses. Das Arbeiten an den Bedingungen und das Pflegen einer Aushandlungskultur in der Stadt sind damit Aufgabe aller und jeglicher zivilgesellschaftlicher Organe, Institutionen und Gruppen, welche sich nicht Partikularinteressen verschrieben haben.

Diese Mechanik kann helfen, Differenzen zu gestalten, Bedingungen – auch räumliche – zu schaffen und Aushandlung sowie Diskurs ohne externe Deutungshoheiten zu ermöglichen. Diese Räume und Bedingungen müssen durch die Gesellschaft gefördert und freigehalten werden und geeignet sein, zur Sichtbarkeit marginalisierter Gruppen beizutragen.

Inklusion taucht in der **Quartiersplanung** oft lediglich als in den Programmen formulierter Anspruch auf „Demografiefestigkeit" und technische Sicherung des Eingehens auf

Bedürfnisse von Menschen mit körperlichen, gesundheitlichen, geistigen, seelischen oder sensorischen Einschränkungen auf. Eine barrierefreie Vorstadt ist allerdings noch nicht deckungsgleich mit einem Leitbild zeitgemäßer Stadtentwicklung, das alle gesellschaftlichen Gruppen in den Blick nimmt. Das Ziel muss sein, Quartiere und Städte attraktiv, leistungsfähig und resilient für die Zukunft zu machen und ihre Anpassungsfähigkeit gegenüber den sich immer schneller verändernden gesellschaftlichen Rahmenbedingungen zu stärken. Kulturelle sowie soziale Inklusion müssen hierbei Leitlinien sein. Letztere sollte neben den klassischen Normen, etwa für die Ausgestaltung öffentlicher Räume oder Lärmschutzrichtlinien, verstärkt eine progressiv sozial orientierte Bodenpolitik und Wohnbauförderung anstreben, ebenso wie eine Erweiterung des Bildes der klassischen Kernfamilie als Fördergrundlage. Derartige Anreize können helfen, in der immobilienwirtschaftlichen Planung die Bereitschaft für Modelle zu fördern, die städtische Haushalte mit ihren fundamental veränderten Lebenswirklichkeiten durch verbesserte Voraussetzungen für die erfolgreiche und nachhaltige Organisation von Alltagsabläufen stärken: Generationenwohnen, Wohnen und Arbeiten in räumlicher Nähe und kooperative Kinderbetreuung als bestimmende Faktoren für ein lebendiges und vitales Quartier sowie eine aktive Umgestaltung von Mobilitätsumgebungen. Die kooperativen Quartiersentwicklungsmodelle einiger Schweizer Ballungsräume weisen hier bereits mit ihrem Fokus auf soziale Arbeitsteilung, gemeinschaftliche Raumkonzepte und genossenschaftliche Immobilienmodelle in die Zukunft – auch wenn manche Beispiele den Nachweis langfristiger sozialer Durchmischung noch erbringen müssen. Trotzdem zeigen auch Planungsentscheidungen in überwiegend frei finanzierten Wohnbauprojekten mitunter die Weitsicht der Kommunen. In der Arealentwicklung Viererfeld-Mittelfeld beispielsweise, aktuell eines der wichtigsten städtebaulichen Entwicklungsprojekte des Landes, stellte die Stadt Bern die Weichen für flexible, kooperative und generationenübergreifende Wohnmodelle als Leitthema, um die langfristige Anpassungsfähigkeit des Quartiers zu gewährleisten und die Attraktivität und soziale Resilienz Berns für breite Bevölkerungsschichten zu sichern. Die Stadt Thun wiederum stellt die räumliche und soziale Integration von Senior*innen im Quartier in den Mittelpunkt und will damit strategisch den Bedarf an Pflegeplätzen verringern; die älteren Bewohner*innen können in ihrem angestammten Quartiersverbund weiterleben. Im Kanton Zürich ist dieses Konzept bereits Realität. Interessant ist dies besonders vor dem Hintergrund des Wohnungsdruckes und der ausgeprägten Konkurrenzsituation der Städte im nationalen und internationalen Kontext.

Diese Beispiele zeigen, wie der zeitgemäße Umgang mit Inklusion von Anfang an einen hohen Anspruch an die Konzeption neuer Wohnquartiere stellt – veränderte Lebensmodelle und Mobilitätsanforderungen, demografischer Wandel und Entwicklungen in der Arbeitswelt sind bereits Bestandteil der Anforderungen. Die Stadtentwicklung der Zukunft muss diese Chancen nutzen, in bestehenden und neuen Quartieren Differenzen und Synergien für eine inklusive Gesellschaft produktiv zu machen.

# Inklusion und die Stadt

Wer den Bau und die Gestaltung von Städten plant, interessiert sich für die Menschen, die darin wohnen, und dafür, welche Orte, welche Räumlichkeiten, welche Gebäude sie gebrauchen können. Vermutlich geht es auch um die Frage, mit welchen räumlichen Strukturen das Zusammenleben verbessert werden kann. Das sind sehr voraussetzungsreiche Sätze, wenn man sich dann wiederum fragt, wer denn die Menschen sind, die man dabei in den Blick bekommt. Und wie ein besseres Zusammenleben aussehen kann.

Wenn man aus einer soziologischen Perspektive überlegt, wer die Menschen sind, über die man da redet, dann gibt es zwei Möglichkeiten, mit dieser Frage umzugehen. Entweder interessiert man sich dafür, mit welchen Etiketten man die Menschen gut erfassen kann, also als Reiche und Arme, als Männer und Frauen, als Autochthone oder Fremde oder als Behinderte und Unbehinderte; oder man fragt sich, durch welche Mechanismen Menschen zu diesem oder jenem werden. Also: Sind Frauen in jeder Beziehung einfach immer Frauen oder gibt es auch Situationen, in denen dieses Merkmal eine geringere oder sogar keine Rolle spielt? Wir sind daran gewöhnt, als Männer und Frauen angesprochen zu werden, und tun uns deshalb schwer damit, in Gedanken von der Wahrnehmung dieses Merkmals zu abstrahieren. Das ist nicht bei allen Humankategorien der Fall. Zu einem alten Menschen wird man nach und nach und die gesamte Forschung zum Thema ist durchzogen von dem Befund, dass alte Menschen sich selbst nicht gerne als alte Menschen beschreiben. Die entsprechende Literatur rechnet das einem modernen Jugendwahn zu, aber viel wichtiger ist vermutlich, dass wir mit uns selbst die längste Zeit nicht als alter Mensch verbracht haben, weshalb es uns unvertraut ist, uns so zu sehen. Ähnlich ist es mit der Kategorie des Fremden. Damit wächst man nicht auf, es wird einem zugerechnet und das sogar dann, wenn man sich selbst gar nicht fremd fühlt, weil man sehr vertraut mit einem Ort ist. Es gibt also eine Differenz zwischen der Art, wie man angeredet wird, und der Art, wie man sich selbst „anreden" würde. Während es in diesem Beispiel klar ist, dass ein Etikett unerwünscht ist, gibt es auch den Fall, dass alle Beteiligten ein Etikett für wünschenswert halten, weil man zum Beispiel jemandem helfen will. Flüchtlinge, Arme, Behinderte könnten davon profitieren, dass man sie als solche sichtbar macht. Aber auch da weiß man bereits aus eigenen Erfahrungen, dass die betreffenden Gruppen sich nicht immer mit diesen Kategorien arrangieren wollen.

Es lohnt sich also, genauer zu fragen, wie Menschen mit diesen Etiketten versorgt werden bzw. wie der soziale

Prozess beschaffen ist, der uns mit einem Etikett versorgt. Student*innen der Soziologie lernen diesen Prozess mit einem etwas lapidaren Satz von Niklas Luhmann zu verstehen: „Inklusion (und entsprechend Exklusion) kann sich nur auf die Art und Weise beziehen, in der im Kommunikationszusammenhang Menschen bezeichnet, also für relevant gehalten werden."[1] In diesem Satz sind drei Themenkomplexe angesprochen, die entscheidende Konsequenzen für unseren Blick auf andere Menschen haben.

1.    Inklusion verweist auf Exklusion. Einschluss meint auch den Ausschluss anderer oder von einem selbst aus Kontexten, in die man gerade nicht einbezogen wird.
2.    Etikettierungen entstehen in einem Kommunikationszusammenhang. Wir sind nicht einfach irgendetwas, sondern wir werden so angeredet.
3.    Inklusion, die kommunikative Adressierung, schafft Relevanz, im Guten wie im Schlechten.

Ich würde diese drei Punkte gerne etwas genauer darstellen, weil sie jeweils entscheidende Folgen haben. Zunächst zum ersten Punkt.

1. Inklusion verweist auf Exklusion. Über diesen Zusammenhang lässt sich erklären, was wir als moderne Form von Privatheit empfinden. In einer modernen Gesellschaft, für die die Stadt das große Experimentierfeld ist, werden Menschen je nach Kontext ganz unterschiedlich angeredet, ganz unterschiedlich etikettiert. Wer in die Bäckerei geht, wird dort als Kundin angesprochen; wer einen Arztbesuch macht, ist vermutlich ein Patient; wer ins Rathaus geht, bewegt sich dort als Bürgerin; wer in eine Kirche geht und eine Messe besucht, ist ein gläubiger Mensch oder zumindest jemand, der so etwas für sich für möglich hält; wer etwas lernen will, wird zum Schüler oder zur Studentin. Das sind sogenannte Publikumsrollen. Es gibt aber auch Leistungsrollen: also Verkäufer der Semmeln, Ärztin, oder Bürgermeister, Lehrerin, Priester oder Wissenschaftlerin, die in eine Kirche geht, um sich dort anzuschauen, wie Menschen ihren Glauben praktizieren. Nicht alle Kirchgänger sind gläubig. Manch eine ist nur Touristin, manch einer eben nur Wissenschaftler und legt großen Wert darauf, nicht als gläubig zu erscheinen, aber vielleicht doch den Glauben der anderen zu respektieren. Wir wechseln im Alltag souverän zwischen diesen Rollen hin und her und merken meist gar nicht, dass wir die Rollen wechseln. Gerade war man noch souveräne Konsumentin, schon soll man sich von Polizisten sagen lassen, wo man mit dem Fahrrad fahren darf. Eben hatte man sich den Anweisungen der Ärztin gefügt und den Arm freigemacht, jetzt soll man selbst bestimmen, welchem politischen Statement man mehr Plausibilität zusprechen möchte. Viele dieser Inklusionsformen werden organisiert und das bedeutet, dass auch organisiert wird, unter welchen Bedingungen jemand Zugang zu einer Organisation

erhält und wer nicht. Der Einschluss in dem einen Kontext wird meist begleitet von dem Ausschluss aus dem anderen Kontext. Während man selbst gerade einkauft, tun dies viele andere auch, aber noch mehr sind mit anderen Aktivitäten beschäftigt.

Verschärfend kommt hinzu, dass manche Menschen mehr Möglichkeiten haben, von guten Etikettierungen zu profitieren als andere. Wer viel Geld hat, kann sich hilfreiche Netzwerke aufbauen, die zusätzliche attraktive Inklusionsmöglichkeiten eröffnen. Mit Pierre Bourdieu würde man sagen, dass in Familien auch kulturelles Kapital vererbt wird, das gleichermaßen wie ökonomisches Kapital Zugangsmöglichkeiten zu einer Vielfalt von Positionen schaffen kann. Sichtbar werden dabei einerseits privilegierte Positionen mit viel entsprechendem Kapital; andererseits scheint aber auch die Vielfalt an Andockstellen, die das Individuum hat, relevant zu sein. Mehr Kapital erweitert das Netzwerk und die Zugänglichkeit anderer Inklusionsformen, die nicht ökonomisch oder kulturell erfolgen. Privilegiertheit mag zwar ökonomisch oder kulturell fundiert sein, zeichnet sich aber dadurch aus, dass sie sich in anderen Kontexten fortsetzt. Aus diesem Befund kann man nicht nur lernen, dass es Privilegien gibt, sondern auch, dass die Offenheit von Inklusionsmöglichkeiten ein wünschenswertes Ziel für alle ist und damit auch die Vielfalt von Inklusionen und Exklusionen. Genau das ermöglicht im Verlauf der Modernisierung die Stadt. Als Bürger*in erscheint man da als Repräsentant*in eines Kollektivs und ist dies doch eigentlich nur insofern, als sich Bürger*innen als Fremde begegnen, immer auch als Exkludierte, die sich in ihren Inklusionsbiografien ignorieren können. Armin Nassehi formuliert dies so: „Mit der Trennung von öffentlicher und privater Sphäre – das entscheidende Merkmal städtischer Lebensformen schlechthin – wurden jene Kräfte freigesetzt, die sowohl das Politische wie das Ökonomische aus vollständig integrierten Lebensformen von Haushalten herauslösten – sowohl der Teilnehmer am politischen Geschehen als auch der Teilnehmer am Marktgeschehen, vor allem aber der zweitere, treten nicht mehr als ganze Personen, nicht mehr ausschließlich als Angehörige von Haushalten und Sozialverbänden in Erscheinung, sondern in Teilrollen, letztlich nur in Teilaspekten der Lebensführung."[2] Die Stadt funktioniert über die Vielfalt an Inklusionsmöglichkeiten, die gerade deshalb so relevant für die Entstehung von Privilegierungen ist, weil sie temporäre Exklusionen ermöglicht und kompensiert. Man kann an allem teilnehmen, obwohl man nicht an allem teilnimmt. Die Exklusion ist nicht das Problem, sondern die Lösung – wenn man Alternativen schafft.

2. Etikettierungen entstehen in einem Kommunikationszusammenhang. Eigentlich sind all unsere Bilder, die wir uns von uns und anderen machen, nur sprachliche Vereinfachungen. Im Alltag stellen wir uns Verständigung als direkten

Austausch vor. Tatsächlich ist es aber so, dass wir uns gegenseitig nicht in die Köpfe hereinschauen können und gerade deshalb reden müssen. Weil dann im nächsten Moment so viel ansprechbar wäre, entstehen Situationen, die sich selbst strukturieren, und zwar anhand von mehr oder weniger gepflegten Vorurteilen. Dazu gibt es keine Alternative. Wir können uns selbst nicht transparent machen, weil schon der nächste Satz wieder etwas Neues hinzufügt. Und wir können auch den anderen nicht in seiner Ganzheit erfassen. Immer müssen kommunikative Adressierungen sich mit schematischen Zugriffen begnügen, die sich an plausiblen Selektivitäten orientieren. Wahrnehmung funktioniert nur deshalb, weil sie die Reize organisiert. Die Komplexität einer modernen Gesellschaft hängt von gesellschaftlichen Funktionslogiken ab, die in ähnlicher Weise die sprachliche Verständigung organisieren. Solche Funktionslogiken helfen uns, einen konkreten Aspekt in den Vordergrund zu rücken. Das kann die Frage danach sein, wie jemand wählen würde, wenn jetzt eine Wahl wäre, oder auch die nach gesundheitlichen Aspekten, die sich gerade in den Vordergrund drängen, weil man Schmerzen hat; oder es kann auch um Selbstdarstellungswünsche gehen, die wir in einer modernen Gesellschaft oft über den Konsum befriedigen. Politische, medizinische oder ökonomische Funktionslogiken – man könnte noch mehr aufzählen – erleichtern uns den Zugang zu anderen Menschen. Das gilt besonders für Geld als Kommunikationsmedium der ökonomischen Funktionslogik. Und obwohl uns Geld vermutlich oft als das entscheidende Problem einer modernen Gesellschaft erscheint – es macht uns so ungleich –, ist es doch so ein erfolgreiches Kommunikationsmedium, weil es unseren Kontakt untereinander so unkompliziert strukturieren kann. Wenn man sich Alternativen zum Geld überlegen will und dabei zum Beispiel an konsumfreie Zonen in der Stadt denkt, dann muss man sich gleichzeitig vor Augen führen, wie unstrukturiert unsere Erwartungen aneinander sind, wenn es nur um unorganisierte Freizeit geht. Auch in der Freizeitgestaltung profitieren wir davon, dass wir uns mit unseren Vorlieben und ästhetischen Bedürfnissen in relativ homogenen Gruppen wiederfinden. Die Leistungsfähigkeit moderner Digitalökonomien zeigt, wie unterschiedlich wir sind und wie ähnlich wir dann doch wieder denen sind, mit denen wir gemeinsame Vorlieben und Interessen teilen.[3] Die Idee, dass wir uns als Stadtbewohner*innen alle gemeinsam wiedererkennen und uns mit einer Stadt identifizieren, ist einerseits ein politisches Projekt, andererseits ein ökonomisch motiviertes touristisches Ziel. Aber über das gemeinsame Event hinaus bleibt nicht viel an Gemeinsamkeit. Alle finden sich danach in ihren je unterschiedlichen Inklusionsformen wieder. Es bleibt vor allem die Idee, dass es mehr Gemeinsamkeit geben müsste. Aber geht das so einfach? Die Stadt ist ein Ort, an dem immer wieder neu von immer wieder neuen Gruppen die Idee entwickelt wird, dass es mehr Gemeinsamkeit geben müsste. Vielleicht ist es wichtiger zu verstehen, warum das so ist, als fehlende Gemeinsamkeit zu beklagen.

3. <u>Inklusion, die kommunikative Adressierung, schafft Relevanz.</u> Die kommunikative Adressierung über Etikettierungen als Konsument*in, als Wähler*in, als Patient*in, als Rechtssubjekt und als Wissenschaftler*in schafft unkomplizierte Plausibilitäten, aber immer auch die Ungleichheit dieser Adressierungen. Europäische Demokratien kennen den Wohlfahrtsstaat als Instrument zum Ausgleich dieser Ungleichheiten. Und damit auch die Etikettierungen über Bedarfslagen, die sich jeweils auf Lebenslagen beziehen, und damit so etwas wie gesellschaftliche Großgruppen und ihre Anerkennungsbedürftigkeit schaffen: Arme, Arbeitslose, alte Menschen, Migrant*innen, Frauen, Behinderte, Wohnungslose, Sozialhilfeberechtigte. Solche Etikettierungen sind hilfreiche Schablonen für die bürokratische Durchsetzung von Ansprüchen, aber ihre Verwendung im Alltag erzeugt die Diskriminierung, die sie bekämpfen will, auch immer wieder neu. Alle Versuche, die Etikettierungen positiv aufzuladen, stoßen regelmäßig auf das Problem der unangemessenen Adressierung, der Verhinderung von Inklusion, der Stigmatisierung. Alte Menschen wollen typischerweise nicht als alt angeredet werden. Frauen wollen die gleichen Möglichkeiten wie Männer haben, erleben aber auch die positive Adressierung als Diskriminierung, weil sie natürlich Frauen als Frauen sichtbar machen muss. Dass arme Menschen nicht als arme Menschen im Alltag angesprochen werden möchten, versteht sich von alleine. Das ist nicht deshalb so, weil man Armut verbergen möchte, sondern weil sich aus Armut als entscheidendem Merkmal nur die Idee der Einschränkung ergibt. Eine zusätzliche Behinderung von Behinderten entsteht automatisch durch die Annahme, Menschen mit Behinderung bräuchten noch mehr Hilfen. Sie brauchen auch mehr, weil sie manches kompensieren müssen, weil sie Substitutionsmöglichkeiten benötigen – aber unsere gedankliche Suchbewegung, die diese Möglichkeiten aufspüren will, ist die gleiche, die nur die Einschränkungen sieht. All dies muss man berücksichtigen, bevor man Maßnahmen zur Inklusion einleitet. Dies ist der Hintergrund dafür, warum eine sich modernisierende Gesellschaft die sehr schematische und unpersönliche Adressierung über Kommunikationsmedien wie Geld, politische Macht, Recht, Glaube und Wahrheit entwickelt hat und als persönlichere Variante vor allem die Idee der Privatheit kennt. Privatheit heißt, dass man Individuen zutraut, gelungene Formen der Selbststeuerung zu entwickeln. Sozialisation, Schule, gesellschaftliche Moralvorstellungen und eine interessierte Öffentlichkeit begleiten diesen Rückzug ins Private und insofern existieren auch da starke Kontrollmechanismen. Wer darüber aber noch einmal die Folie einer anerkennungsbedürftigen Gruppenzugehörigkeit legt, findet dann entgegen seinem Wunsch nur Pathologien. Dann sieht man

Frauen, die eigentlich gleichberechtigt sein wollen und doch zuhause die gesamte Hausarbeit übernehmen. Dann sieht man alte Menschen, die nicht als alt angeredet werden wollen, die sich aber keine Mühe geben, um gegen ihr biologisches Altern etwas zu unternehmen. Dann sieht man Menschen mit Behinderung, die vieles von dem, was einen Normallebenslauf mit Berufstätigkeit, Partnerschaft und Familienbildung ausmacht, nicht haben. Dann sieht man vehemente Verfechter*innen einer ökologischeren Moral, die Plastikmüll produzieren und ihre Flüge für die Ferien buchen. Dann sieht man uns.

Eine Stadt, die viele Inklusionsmöglichkeiten bietet, schafft Freiraum für individuelle Inklusionsformen. Dafür braucht man interessanterweise nicht nur Öffentlichkeit, sondern auch Privatheit. Problematisch an wohlfahrtsstaatlichen Hilfen ist oft nicht, dass sie zu wenig bieten, sondern dass sie oft nicht ohne starke Eingriffe in den privaten Alltag auskommen und dass der private Alltag aus dieser Perspektive dann immer defizitär wirkt. Aus stadtplanerischer Sicht würde man vielleicht mehr Öffentlichkeit fordern, weil man die Bürger*innen sehen möchte, um die es geht. Aber eigentlich kann es nur darum gehen, Hilfen anzubieten, um möglichst selbstständig wählen zu können, wie viel Öffentlichkeit man haben will und wie sichtbar für wen auch immer man sein will. Armin Nassehi formuliert das so: „Die Stadt erzwingt demnach geradezu Verschiedenheit, arbeitsteilige Differenz und damit auch eine Differenz der Perspektiven, über die man sich zu verständigen hat."[4] Dass wir uns über die Differenz der Perspektiven verständigen wollen, ist die Grundlage für Stadtplanung. Dass die Bedingung dafür eine sich strukturell ergebende Verschiedenheit ist, die wir in geschlossenen Räumen pflegen, ist die andere Seite einer sichtbaren Öffentlichkeit.

1  Luhmann, Niklas: Inklusion und Exklusion. In: Ders.: Soziologische Aufklärung 6. Die Soziologie und der Mensch. Opladen, 1995, S. 237–264, hier S. 241.

2  Nassehi, Armin: Fremde unter sich. Zur Urbanität der Moderne. In: Ders.: Differenzierungsfolgen. Beiträge zur Soziologie der Moderne. Opladen, Wiesbaden, 1999, S. 227–240, hier S. 232f.

3  Nassehi, Armin: Muster. Theorie der digitalen Gesellschaft. München, 2019.

4  Nassehi, Armin: Fremde unter sich. Zur Urbanität der Moderne. In: Ders.: Differenzierungsfolgen. Beiträge zur Soziologie der Moderne. Opladen und Wiesbaden, 1999, S. 227–240, hier S. 229.

# Na, wer baut sie nun?

Wenn wir uns die Frage stellen: „Wer baut eigentlich die Inklusionsmaschine Stadt?", dann drängt sich förmlich eine Antwort auf, die in etwa lauten müsste: „Wir natürlich – wer sonst?!" Und die Folgefrage müsste dann zweifellos lauten: „Und wem gehört die Stadt?" Und der Chor der Bürger*innen würde umgehend antworten: „Uns – wem sonst?" Frage beantwortet, Schluss.

Die Realität sieht doch meist anders aus – selbst in der wohlhabenden Stadt München. Der äußerst angespannte Mietmarkt sorgt hier für eine massive Verdrängung. Ein vielfältiges, soziales, kulturelles und inklusives Angebot scheitert häufig an fehlenden gestaltbaren und unkommerziellen Freiräumen. Und so müsste die Antwort auf die Frage „Wem gehört die Stadt?" wohl richtigerweise lauten: Neben der Stadtverwaltung wohl denjenigen, welche sie sich leisten können, also Hauseigentümer*innen, Kettenläden, Baufirmen, Banken, Konzerne, Brauereien, Gastronom*innen und so weiter.

Diese Antwort ist definitiv richtig und wird dennoch der Frage nicht gerecht, denn eine Stadt ist mehr als deren Verwaltung und Eigentümer*innen, nämlich auch ein imaginärer Ort, und der wiederum gehört allen, die sich in dieser Stadt verorten. Die Stadt quasi als gemeinsame Utopie, als gemeinsame Idee, wie und in welcher Weise man nach welchen Idealen an diesem Ort das Zusammenleben organisieren möchte. Und für die Frage nach der Inklusionsmaschine Stadt könnte an diesem imaginären Ort die Antwort lauten: In einer solidarischen Stadtgemeinschaft sorgen alle dafür, dass es allen gut geht, dass allen die Möglichkeiten zur Teilhabe bereitgestellt werden und keine Gruppe marginalisiert, an den Stadtrand oder sogar aus der Stadt hinausgedrängt wird.

Damit sich die Bewohner*innen einer Stadt auf diese beziehen können, müssen einige wichtige Faktoren gegeben sein: Identifikations- und Mitgestaltungsmöglichkeiten sowie frei zugänglicher öffentlicher Raum. Nur eine Stadt, die den Einzelnen die Möglichkeit gibt, sich als Teil dWes Ganzen zu verstehen, die einlädt, sich selbst einzubringen und das Stadtleben aktiv mitzugestalten, und ihre Bewohner*innen nicht darauf reduziert, (potenzielle) Wähler*innen, Gäste, Stadtraumnutzer*innen oder Konsument*innen zu sein, bietet diese gemeinsame Basis. Eine Stadtverwaltung braucht zudem Mut, Unterschiedlichkeit auszuhalten und soziale Experimentierfelder zu ermöglichen und sie gewähren zu lassen – sprich: mit etwas anarchistischen Wildwuchs leben zu können. Diese vielfältigen Faktoren bilden ein Potential, das in der Regel nur durch soziale Auseinandersetzungen zu haben ist, was Städte dann zu realen, sozialen und solidarischen Orten machen kann.

Meine Erfahrungen hierzu beziehen sich auf das Münchner Projekt Bellevue di Monaco, das ich fünf Jahre mitgestalten durfte. Ich möchte darauf hier kurz eingehen, weil die Geschichte dieses Projekts gut veranschaulicht, zu was Stadtbewohner*innen in der Lage sind, wenn sie Ideale teilen, sich auf gemeinsame Ziele einigen und die entsprechenden Möglichkeiten vorfinden. Am Anfang des Projekts standen drei Häuser in städtischem Besitz, in bester Innenstadtlage, deren Abriss bereits vom Stadtrat beschlossen war. Mit den Häusern sollte auch ein Bolzplatz, also eine Freifläche, die für sportliche Aktivitäten genutzt werden kann, verschwinden – und daran entzündete sich ein erster Protest.

Viele, sehr unterschiedliche Protestaktionen folgten, meist kreativ und unerwartet, und führten dazu, dass erst der Bolzplatz und schließlich auch die drei Häuser gerettet werden und letztendlich ein Zentrum für Geflüchtete und die Münchner Bürger*innen entstehen konnte.

Was für eine Erfolgsgeschichte! Verlaufen doch ähnlich gelagerte Initiativen meist nach einem anderen Schema: Initiative protestiert lautstark und scheitert – was meist folgt, sind Abriss und ein Nachruf auf eine weitere gute, gescheiterte Idee.

Die Stadt als solidarischer und ideeller Ort ist jedoch auf genau solche Erfolgsgeschichten angewiesen. Jedes gerettete Haus, jeder ermöglichte Bauwagenplatz, jede erfolgreiche Bürgerinitiative beweist: In dieser Stadt geht etwas – wir können auch anders! Solche Erfolgsgeschichten laden zur Nachahmung ein und machen die Stadt greifbar, lebens- und sogar liebenswert.

Stolz ist sicher eine zwiespältige Größe, aber sobald sich Menschen mit einem gewissen Stadtbürgerstolz auf das solidarische Potential ihrer Kommune beziehen, ist das unbedingt positiv zu bewerten! Besonders deutlich zeigt sich das im Umgang mit geflüchteten Bürger*innen. Wenn sich hier eine Stadtgemeinschaft – wie in München passiert – in der Mehrheit nicht dem negativen gesamtgesellschaftlichen Trend anschließt, der Geflüchtete als generelle Bedrohung für das persönliche Wohlleben wahrnimmt, sondern trotz dieser Tendenzen einen offenen und humanen Umgang mit geflüchteten Menschen beibehält, ist das von großer Bedeutung. Diesen Konsens darf man aber auch nicht überbewerten, denn es ist sicher fraglich, wie belastbar dieser Zusammenhalt ist. Aber er ist ein Keim, ein erster Anfang, der den Mut und das Selbstbewusstsein einer Stadtgesellschaft stärken kann. Dieses Stadtbewusstsein darf aber keinen Anlass zu Selbstzufriedenheit geben – denn was bleibt, sind Widersprüche. Es gibt keinen Stadtraum ohne eine Vielzahl von Widersprüchen.

Hier nur ein kleines Beispiel: Im Münchner Norden befindet sich in direkter Nachbarschaft zu zwei großen Wohnkomplexen äußerst ambitionierter Wohngenossenschaften ein so genanntes Anker-Zentrum der Regierung Oberbayerns, ein mit Maschendraht umzäuntes und mit Sicherheitskräften ausgestattetes Kasernengebäude. Hinter dem Zaun leben geflüchtete Menschen unter widrigen Umständen, unter Zwang, und vor dem Zaun wird, in Sichtweite, das ideale, gemeinschaftliche Wohnen ausprobiert, mit Gemeinschaftsräumen, Gemeinschafts-E-Rollern und inklusive des wöchentlichen Besuchs vom Biobauern aus der Region. Beide Gruppen leben Zaun an Zaun und doch trennen sie Welten. Immer diese Widersprüche!

Diese Widersprüche kann auch eine solidarisch agierende Stadtgesellschaft nicht umgehend und komplett auflösen. Aber sie muss sie benennen und sich ihnen stellen. Das ist anstrengend wie kompliziert und es gibt keine einfachen Lösungen. Aber wenn sich die Stadtgesellschaft diesen dringlichen Widersprüchen und Problemstellungen verweigert oder sie einfach ausblendet – was häufig passiert –, dann verkommt die Idee von einer solidarischen, inklusiven Stadt zu einer inhaltslosen Worthülse, zu einer reinen Verzierung des Stadtmarketings. Was heißt das?

Die Stadt als solidarischer und inklusiver Ort muss jeden Tag aufs Neue belebt, erstritten und erkämpft werden. Das ist mühsam, aber eine großartige Bereicherung, die eine Stadt zu einem echten Ort der Begegnung, des Austausches und des Miteinanders machen kann.

Um also auf die Ausgangsfrage zurückzukommen: Wer baut die Inklusionsmaschine Stadt? Wir, als mündige, streitbare und selbstbewusste Bürger*innen, die sich lautstark in die kommunalen Belange einmischen, die in großen Bündnissen vernetzt agieren, auf alte Seilschaften wie auf bestehende Berührungsängste pfeifen und neue Kooperationen wagen; Bürger*innen, die die Stadt mitgestalten und nicht müde werden zu verkünden: „Uns gehört die Stadt!"

# Neun Ansatzpunkte für eine inklusive Stadt

Für die Vernachlässigung des Inklusionsgedankens in der Stadtgesellschaft finden sich in vielen Bereichen und Situationen
Belege: unzureichende Erreichbarkeit von Orten in der Stadt für
körperlich eingeschränkte Menschen, schlechte Berufsperspek-
tiven für viele Kinder durch einen immer noch zu exkludierenden
Bildungssektor oder deutlich zu wenige Schnittstellen für Kontakte
in der Stadt, die helfen könnten, Menschen besser aufzunehmen
und teilhaben zu lassen.

Hier sind Disziplinen, Institutionen und jede*r Einzelne aufgefor-
dert, aktiver zu werden: in der Stadtpolitik und Verkehrsplanung,
im Bildungs- wie Rechtswesen, im Kunst- und Kulturbereich, in der
Privatwirtschaft. Auch Architektur und Städtebau sind gefordert,
soll doch hier das Denken und Verstehen von Inklusion endlich
über die DIN-Norm hinausreichen; in Forschung, Lehre und städtebaulicher Praxis anders gedacht, vermittelt und gehandelt werden.
Folgende neun Ansatzpunkte haben sich aus den Werkstattgesprächen herauskristallisiert. Sie sollen die Planung und Entwicklung inklusiver Städte befeuern und den Zugang zum Thema
Inklusion erleichtern.

### 1 Inklusion ist emotional und widersprüchlich.

Psychologisch gesehen sind im Menschen zwei mitunter widersprüchliche Wünsche angelegt: dazuzugehören und als Individuum
wahrgenommen zu werden. Einsam oder ausgeschlossen zu sein
beispielsweise, löst starke Emotionen aus, die depressiv oder
aggressiv machen können. Dennoch muss die Möglichkeit zur Teilhabe immer auf Freiwilligkeit beruhen und die Option einschließen,
nicht teilzuhaben. Hieraus erwachsen zwei Forderungen an die
Stadt: Teilhabe sicherstellen, doch auch die Möglichkeit zur Nicht-
Teilhabe, erhalten.

### 2 Durch Barrierefreiheit – und damit ist die Behebung der ganzen Bandbreite von Beeinträchtigungen gemeint – alleine wird keine Stadt inklusiv.

Objektive Fakten wie DIN-Normen und Handlungsanweisungen
bilden die technische Grundlage zum Umbau der Stadt. Barrierefreiheit und die Ermöglichung von Mobilität sind hierbei absolute
Grundvoraussetzungen für Inklusion, denn nur so kann eine gemischte Stadt entstehen, die allen Bewohner*innen Begegnungen
mit anderen ermöglicht. Eine barrierefreie Stadt ist allerdings
noch nicht automatisch eine gemischte und noch lange keine inklusive Stadt. Rein ökonomisch werden nur in einer Stadt, die über
bezahlbaren Wohnraum verfügt, unterschiedlichste Arbeitsplätze
anbietet und über Aufenthaltsorte ohne Konsumzwang verfügt,
keine Gruppen an den Rand gedrängt. Ebenso gilt es, psychologische Schwellen(-ängste) zu senken oder aufzuheben, sonst werden technische Maßnahmen für Barrierefreiheit zum Feigenblatt.

### 3 Hören, Riechen, Sehen – eine inklusive Stadt braucht die Begegnung der Menschen.

Auch eine gemischte Stadt ist noch nicht automatisch inklusiv. Vielmehr gehört eine individuelle Könnerschaft dazu, sich in der Vielfalt zu orientieren, auf fremde Menschen zugehen zu können und mit ihnen in einen konstruktiven Austausch zu treten. Die Fähigkeit zur Empathie erleichtert Inklusion, denn wer in der Lage ist, sich in andere hineinzuversetzen, kann den Umgang in einer heterogenen Gesellschaft erlernen. Begegnung mit anderen zu fordern, ist nur scheinbar trivial, deuten doch gesellschaftliche Entwicklungen darauf hin, dass sich die Menschen zunehmend in ihre eigenen Kreise zurückziehen.[1] Im weitesten Sinn ist das Hören, Riechen oder Sehen von anderen schon eine Form von Kontakt. Schließlich ist dieser oberflächliche Kontakt auch der Ausgangspunkt für weiterreichende soziale Interaktion.[2]

### 4 Bürger*innen einer inklusiven Stadt sollten Ambivalenzen aushalten.

In einer Stadt, in der sich unterschiedliche Menschen begegnen, muss man den Spannungszustand aushalten, den der Kontakt mit dem Unbekannten hervorruft. Man muss dazu bereit sein, eigene Ein- und Vorstellungen zu verlassen und sich auf andere einzulassen. Man muss das Risiko tragen können, dass Empathie auch misslingen kann.[3] Die Konfrontation mit dem Neuen fordert dazu heraus, das eigene Verhalten zu verändern. Das gelingt nicht immer. Psychologisch gesehen widersprechen eine Konfrontation mit dem Neuen und eine daraus resultierende Verhaltensänderung sogar unserem menschlichen Charakter, der sich nach Stabilität und dem immer Gleichen sehnt.

### 5 Eine inklusive Stadt lebt vom Fehlerhaften und vom Konflikt.

Planerisch und gestalterisch gibt es günstige und ungünstige Bedingungen dafür, dass sich eine Begegnung zu einem intensiveren Kontakt ausweiten kann. Allzu große Aufgeräumtheit öffentlicher Räume verhindert, dass Menschen sich ausbreiten können oder wollen. Eine gewisse Offenheit in der Planung kann Veränderungen aufnehmen und temporäre Aneignungen fördern. Stadt muss in diesem Sinn weiter untersucht werden, um dahin zu gelangen, was in den Disability Studies als Fehlerfreundlichkeit diskutiert wird, und es zu schaffen, nicht nur den Bedürfnissen jedes einzelnen oder jeder Einzelnen gerecht zu werden, sondern hieraus auch Synergien zu erzeugen. Eine inklusive Stadt braucht fehlerhafte, nicht perfekte Orte und auch Orte, die Fehlverhalten aushalten. Hier können Konflikte und deren Aushandlungen zwischen unterschiedlichen Bürger*innen stattfinden. Seitens der Stadtentwicklung zwingt diese Feststellung zum Umdenken, da viele der Planungsrichtlinien in der Bundesrepublik auf dem Grundsatz des Trennens zur Vermeidung von Konflikten beruhen.[4]

## 6 Partizipation und Inklusion sind untrennbar verbunden.

In Artikel 3 c.) der Allgemeinen Grundsätze in der UN-Behindertenrechtskonvention wird die volle und wirksame Teilhabe an der Gesellschaft und die Einbeziehung in die Gesellschaft gefordert. Es geht hierbei nicht nur darum, als Zuschauer*in dabei zu sein, sondern es geht um Sichtbarkeit, Anerkennung und Selbstrepräsentation. Inklusion ist also untrennbar mit Partizipation verbunden. Sherry Arnstein machte bereits 1969,[5] basierend auf ihren Erfahrungen als Mitarbeiterin im US-Staatsministerium für Wohnen, Bildung und Wohlfahrt, unmissverständlich deutlich, dass Partizipation nur gelingen kann, wenn Macht geteilt wird. Sie entlarvte einige der bis dahin praktizierten Beteiligungsformate als Nicht-Beteiligung und Feigenblätter und stellt diese Erkenntnis in einer Stufenleiter von Nicht-Partizipation zur Partizipation dar. Partizipation beginnt erst, wenn Macht umverteilt wird, indem zwischen Bürger*innen und Entscheidungsträger*innen verhandelt wird. Auch in heutigen Planungsstrukturen gibt es Ungleichgewichte, beispielsweise stehen viele bezahlte Verwaltungsbeamt*innen einer Handvoll ehrenamtlicher Vertreter*innen von Menschen mit Behinderungen gegenüber.

## 7 Eine inklusive Stadt zu schaffen, bedeutet Privilegien aufzugeben.

Partizipation ist mit der Umverteilung von Macht verbunden, doch auch Privilegien gehören hinterfragt. Will man eine inklusive Stadt, muss man investieren. Zu den notwendigen Investitionen zählt die Aufgabe von Privilegien, denn Exklusion entsteht oft durch Privilegien mancher. Für eine durchmischte Stadt beispielweise muss man das Privileg, in einem Stadtteil nur unter „seinesgleichen" zu wohnen, loslassen und damit verbunden das Privileg, sich im Alltag mit bestimmten Themen nicht auseinanderzusetzen. Dass das Loslassen von persönlichen Vorteilen auch zu ganz neuen Qualitäten führen kann, zeigt sich heute beispielsweise schon exemplarisch in Wohnprojekten, in denen neue Wohnkonzepte zusammen mit gemeinschaftlichen oder genossenschaftlichen Besitzverhältnissen umgesetzt werden.

## 8 Eine inklusive Stadt muss Schnittstellen des Gemeinschaffens fördern.

Orte und Institutionen des Gemeinschaffens sind oft die entscheidenden Schnittstellen im Stadtraum. In sie muss investiert werden. Stavros Stavrides schreibt Institutionen eine besondere Bedeutung zu: Ursprünglich werden sie von Menschen geschaffen, in ihrer Organisation und baulichen Gestalt zeichnet sich die Geisteshaltung einer jeden Gesellschaft ab. Sie werden zu Formen, mit deren Hilfe Gesellschaften versuchen, ihre Beziehungen mit der Zukunft zu organisieren.[6] Welche Institutionen benötigt die inklusive Stadt; welche Qualitäten müssen diese haben, wie entstehen sie und wie werden sie betrieben? Kultur und Alltagskultur spielen hierbei eine entscheidende Rolle. Kunst und Kultur sind in der Lage, Widersprüche zu vereinen. Informell entstehen Initiativen, die auf Bedarfe reagieren und zu Institutionen werden oder vorhandene verändern können. Diese Entwicklungen sollten gefördert werden.

**9    Inklusion ist ein Prozess, in den permanent investiert werden muss.**

Ein Endziel und Idealzustand, der ein für alle Mal erreicht wird, ist die inklusive Stadt keinesfalls – sondern ein Prozess, der kontinuierlich vorangetrieben werden muss. Das erfordert Engagement, Zeit und auch ausreichende finanzielle Mittel. Jeder Ort, jede neue Begegnung erfordert erneute Mühen der Aushandlung, während sich die Stadt kontinuierlich verändert. Die inklusive Stadt ist eine spannende, aber auch eine anstrengende Stadt, in der Unterschiede aufeinandertreffen und divergierende Interessen, Positionen und Bedürfnisse ausgehandelt werden.

1   Vgl. Allmendinger, Jutta: Das Land, in dem wir leben wollen. München, 2017. Die Vermächtnisstudie ist eine Kooperation von DIE ZEIT, infas, dem Institut für angewandte Sozialwissenschaft und dem Wissenschaftszentrum für Sozialforschung Berlin (WZB) unter der wissenschaftlichen Leitung von Jutta Allmendinger. Sie hat die Ergebnisse der Studie auf der Tagung: „Zusammenhalt. Die Stadt als Lebensform". 18.–20.1.2019, in der Evangelischen Akademie Tutzing am Samstag, den 19.01.2019 um 9.00 Uhr, in einem Vortrag vorgestellt.

2   Vgl. Gehl, Jan: Leben zwischen Häusern. Berlin, 2012, S. 13. Übersetzt von Gehl Architects Kopenhagen, Erstausgabe: Livet mellem husene, 1971. Die deutsche Fassung folgt der überarbeiteten englischen Neuauflage von 2010.

3   Vgl. auch Bude, Heinz: Was für eine Gesellschaft wäre eine „inklusive Gesellschaft"? In: Heinrich Böll Stiftung (Hg.): Inklusion. Wege in die Teilhabegesellschaft. Frankfurt am Main, 2015, S. 37–43, hier S. 42.

4   Vgl. hierzu auch: Feldtkeller, Andreas: Städtebau: Quartiere offen für Vielfalt. In: Nina Berding, Wolf-D. Bukow, Karin Cudak (Hg.): Die kompakte Stadt der Zukunft auf dem Weg zu einer inklusiven und nachhaltigen Stadtgesellschaft. Wiesbaden, 2018, S. 31–52. Sowie Roesler, Sascha (Hg.): Glatt! Manifest für eine Stadt im Werden. Mit Beiträgen von der Architekturgruppe Krokodil. Zürich, 2012, S. 75.

5   Arnstein, Sherry R.: A Ladder of Citizen Participation. In: Journal of the American Institute of Planners, 35/1969, 4. Jg., S. 216–224.

6   Stavrides, Stavros: Common Space: Die Stadt als Gemeingut. Eine Einführung. In: Ders., Mathias Heyden: Gemeingut Stadt, berliner hefte zu geschichte und gegenwart der stadt 4, Berlin, 2017, S. 14–58, hier S. 17.

## Kurzporträts

### Susann Ahn

Dr.-Ing. Susann Ahn ist Landschaftsarchitektin, Moderatorin, zert. Mediatorin sowie Trainerin für Kommunikation und Konfliktmanagement. Ihr Büro AHN Landschaftsarchitektur Mediation ist auf Planungen im interkulturellen Bereich sowie auf mediative und partizipative Prozesse im Bau- und Umweltbereich spezialisiert. In ihrer Promotion erforschte sie die Entstehung, die Narration und den politischen Einfluss von kulturspezifischen Landschaftsbedeutungen in Seoul, Südkorea. An der Schnittstelle zwischen Lehre und Forschung, Praxis und Theorie entwickelt sie mit interdisziplinären Methoden eine progressive Verbindung von Landschaftsarchitektur und Kommunikation.

### Andrea Benze

Dr.-Ing. Andrea Benze ist ordentliche Professorin für Städtebau und Theorie der Stadt an der Hochschule München, Architektin, Stadtforscherin und Mitgründerin von OFFSEA (office for socially engaged architecture). Sie forscht über Alltagsorte in Stadtregionen, Rituale des Wohnens, die Zukunft von Großsiedlungen, Co-Kreation als Form (post-)partizipativer Stadtentwicklung, persönliche Perspektiven der Raumproduktion im Alter, Kulturhäuser als Orte der Stadtgesellschaft und die inklusive Stadt. Hierbei verwendet sie qualitative ethnologische Forschungsmethoden, um Stadt sowohl als individuell wie auch gesellschaftlich gestaltetes Phänomen zu untersuchen.

### Maximilian Dorner

Maximilian Dorner ist Autor und im Münchner Kulturreferat verantwortlich für den Bereich „Kunst und Inklusion", zudem geschäftsführender Vorstand des Vereins Impulsion – Netzwerk inklusiver Kunst und Kultur. Immer wieder hat er Inklusion in seinen Büchern thematisiert, zuletzt erschienen: „Steht auf, auch wenn ihr nicht könnt. Behinderung ist Rebellion" (btb Verlag, 2019). Seit nunmehr zehn Jahren bewegt er sich mit einem Rollstuhl fort.

### Nina Gribat

Dr. phil. Nina Gribat ist ordentliche Professorin für Stadtplanung an der Brandenburgischen Technischen Universität Cottbus. Ihre Forschungsschwerpunkte sind urbane Transformationsprozesse im Kontext von Struktur- und Klimawandel sowie die sich verändernden Ideale, Normen und Standards in der Stadtplanungspraxis und -lehre. Sie ist Mitglied des Redaktionskollektivs von sub\urban.zeitschrift für kritische stadtforschung (www.zeitschrift-suburban.de).

### Michael Häfner

Dr. phil. Michael Häfner ist ordentlicher Professor für Kommunikationspsychologie im Studiengang Gesellschafts- und Wirtschaftskommunikation an der Universität der Künste Berlin und Mitherausgeber der Zeitschrift *Social Psychology*. Er forscht zu Emotionen und deren Ausdruck, sozialen Vergleichen, ästhetischem Genuss, aber auch zu politischer Kommunikation und deren Zusammenhang mit räumlichen und architektonischen Gegebenheiten. Dabei verwendet er vor allem experimentell-quantitative Methoden unter Berücksichtigung des Körpers, interessiert sich aber auch immer mehr für qualitative Forschungszugänge.

### Saskia Hebert

Dr.-Ing. Saskia Hebert ist Architektin und betreibt seit 2000 gemeinsam mit Matthias Lohmann das Büro subsolar* architektur & stadtforschung in Berlin. Sie arbeitet seit Jahren in verschiedenen

universitären, interdisziplinären und partizipativen Formaten
an der Schnittstelle von Forschung, Lehre und Praxis der Stadtentwicklung. Seit 2015 vertritt sie außerdem eine Professur
im Studiengang Transformationsdesign an der Hochschule für
Bildende Künste Braunschweig. Sie fragt sich unter anderem,
wie eine sozialökologische Transformation zur Nachhaltigkeit
gelingen könnte, was das Wohnen damit zu tun hat und wie Post-
wachstumsstädte aussehen.

### Karl R. Kegler
Dr. phil. Dipl.-Ing. Karl R. Kegler ist Historiker und Architekt,
Mitherausgeber der Online-Zeitschrift „archimaera". Er lehrt und
forscht als Professor für Geschichte und Theorie der Stadt
und der Architektur an der Hochschule München. Seine Arbeiten
bewegen sich an der Schnittstelle von Architektur, Zeit- und
Ideengeschichte. Themen sind Planung und Planungsprozesse,
die Untersuchung architektonischer Gestaltungspraxis im Spannungsfeld von formaler Tradition, gesellschaftlichem Wandel
und technischem Fortschritt sowie Literaturgeschichte und Popu-
lärkultur. Aktuell bearbeitet Kegler ein Forschungsprojekt zu
den Zusammenhängen von Raumplanung und Gewalt im von NS-
Deutschland besetzten Osteuropa.

### Roman Leonhartsberger
Roman Leonhartsberger ist Architekt und Stadtplaner in München
und lehrt Städtebau an der Hochschule München. In seiner prak-
tischen Arbeit bilden Städtebau durch flexible Wohntypologien
und Freiräume Schwerpunkte, er forscht zu Strategien in der Stadtentwicklung mit Blick auf Agglomerationen, innere Randlagen
und Infrastrukturräume. Im Diskurs stehen für ihn Darstellung
und kulturelle Interpretation von städtischem Zusammenleben
im Mittelpunkt.

### Lisa Pfahl
Dr. phil. Lisa Pfahl ist Soziologin und Bildungswissenschaftlerin.
Sie arbeitet als Universitätsprofessorin für Disability Studies und
Inklusive Bildung an der Universität Innsbruck, leitet die Digitale
Bibliothek bidok Behinderung – Inklusion – Dokumentation
und engagiert sich am Center Interdisziplinäre Geschlechterfor-
schung der Universität Innsbruck (CGI) für intersektionale Pers-
pektiven. Sie forscht zu Wissen, Ungleichheit, Bildung, Arbeit und
Subjektivierung und interessiert sich für kollektive Formen der
Emanzipation und Selbstbestimmung, in der neue demokratische
Subjekt- und Selbstverhältnisse entstehen, die gesellschaftlichen
Wandel befördern.

### Cordelia Polinna
Dr. Cordelia Polinna ist seit 2017 Geschäftsführende Gesellschafterin der Urban Catalyst GmbH. Von 2011 bis 2013 war sie Gastpro-
fessorin für Planungs- und Architektursoziologie an der TU Berlin.
Sie ist Expertin für strategische Fragen der Stadtentwicklung
auf verschiedenen Maßstabsebenen – vom konkreten städtebaulichen Projekt bis zu großräumigen Entwicklungskonzepten und
kooperativen Beteiligungsverfahren. Umfangreiche Forschungsarbeiten zum Städtebau in London sowie zum Thema „Radialer
Städtebau – Abschied von der autogerechten Stadtregion".

### Stephan Reiß-Schmidt
Dipl.-Ing. Stephan Reiß-Schmid ist Stadtdirektor a.D. und freier
Berater und Autor für Stadt- und Regionalentwicklung in München.
Er ist Co-Vorsitzender des Ausschusses Bodenpolitik der Deut-
schen Akademie für Städtebau und Landesplanung (DASL) sowie
unter anderem Mitglied des Kuratoriums des vhw Bundesverband

für Wohnen und Stadtentwicklung und des Landesplanungsbeirats in Bayern. Aktuell arbeitet er in der Münchner Initiative für ein soziales Bodenrecht an Konzepten einer gemeinwohlorientierten Bodenpolitik. Außerdem engagiert er sich in einem verbändeübergreifenden Bündnis für nachhaltige Strategien einer gestaltenden, landschaftsbasierten Landes- und Regionalplanung in Bayern.

### Dorothee Rummel
Dr.-Ing. Dorothee Rummel ist Architektin und Stadtplanerin. Sie ist Wissenschaftliche Mitarbeiterin am Lehrstuhl Sustainable Urbanism der Fakultät für Architektur der TU München, Lehrbeauftragte am Städtebau-Institut der Hochschule München, Mitglied der Urban Environments Initiative (UEI) und Mitgründerin von XOstudio für Architektur und Städtebau. Promotion zum Thema „Unbestimmte Räume in Städten – der Wert des Restraums" am KIT. Sie forscht über städtische Raumreserven, Prinzipien und Modelle des Zusammenwohnens und Zusammenlebens in Städten, Interdisziplinäre Lehr- und Forschungsmethoden und darüber, wie Stadt und Psyche sich beeinflussen: „mentally urban".

### Irmhild Saake
Dr. Irmhild Saake ist Soziologin und akademische Rätin am Lehrstuhl für Allgemeine Soziologie und Gesellschaftstheorie von Armin Nassehi an der LMU München. Sie forscht zu medizin- und kultursoziologischen Themen und legt einen besonderen Schwerpunkt auf unsere modernen Erwartungen an Gleichheit einerseits und die faktische alltägliche Ungleichheit andererseits. Ein Forschungsprojekt zum Sterben und die damit verbundene Ungleichheit zwischen Sterbenden und ihrem Publikum schließt sie gerade ab, ein Forschungsprojekt zu gesellschaftlichen Andockstellen für Flüchtlinge in Deutschland beginnt sie im September 2020.

### Hendrik Trescher
Dr. phil. habil. Dipl.-Päd. Dipl.-Soz. Hendrik Trescher hat den Lehrstuhl für Erziehungswissenschaften mit dem Schwerpunkt Inklusion und Exklusion der Philipps-Universität Marburg inne. Er forscht zu raum- und gruppenbezogenen Prozessen von Teilhabe, insbesondere im Bereich der kommunalen Entwicklung, und zur Aneignungspraxis von (Wohn-)Raum. Weitere Forschungsschwerpunkte sind unter anderem: politische Partizipation von Menschen mit Behinderungen, Pädagogik bei kognitiven Beeinträchtigungen (geistige Behinderung und Demenz), Methoden qualitativer Sozialforschung und Disability Studies. Seit seiner Habilitationsschrift (2014) erarbeitet er das Theorem „Behinderung als Praxis, Inklusion als Kritik".

### Matthias Weinzierl
Matthias Weinzierl ist Dipl.-Kommunikationsdesigner. Er arbeitet seit 1991 mit geflüchteten Menschen. 1991–1998 Asylarbeitskreis Prager Straße im Münchner Norden, 2001–2017 Bayerischer Flüchtlingsrat, Gründungsvorstand von Bellevue di Monaco (2014–2019). Diverse Kampagnen und Projekte maßgeblich mitorganisiert: „Save me Kampagne", „Pastinaken raus!" und „Internationale Schlepper- und Schleuserkonferenz". Seit 2019 ehrenamtlicher Vorstand vom Münchner Flüchtlingsrat und Organisationssekretär beim DGB Region München.

## Danksagung

Größter Dank gilt unseren Expert*innen der Werkstattgespräche dafür, dass sie sich auf das experimentelle Format eingelassen, ihre Reflexion und Position zusätzlich durch ihre Artikel ausgedrückt und dadurch maßgeblich zum Gelingen dieses Buch beigetragen haben. Ganz herzlichen Dank Susann Ahn für die feinfühlige Moderation der vier Diskussionsrunden, Joana Katte und Torsten Köchlin für ihre intelligenten Ideen zu einer grafischen Sprache dieser Publikation und dem JOVIS Verlag für die gute und vertrauensvolle Zusammenarbeit. Dank geht auch an die Hochschule München, die im Januar und Februar 2019 Gastgeberin der Werkstattgespräche war: hier besonders Dekan Andreas Meck (†) und Britta Schwarz für den Anstoß des Projektes, Marc Engelhart und Kathrin Traube, die alle unsere Wünsche zum Setting möglich gemacht haben, Danuta Meyer für die schnelle und kooperative Bearbeitung vieler zusätzlicher Verwaltungsvorgänge und vor allem den vielen Studierenden und anderen Interessierten für ihre Teilnahme, die hilfreichen Fragen und Kommentare. Die Herausgeberinnen danken aber besonders der Bayerischen Landesregierung für die großzügige Unterstützung des Projektes innerhalb des Forschungs- und Praxisverbundes „Inklusion an Hochschulen und barrierefreies Bayern", ohne die dieses Projekt so nicht durchführbar gewesen wäre.
Andrea Benze und Dorothee Rummel

**Bildnachweis**

| | |
|---|---|
| 1–3 | Herausgeberinnen |
| 4–5 | Emanuel Aurel Klempa |
| 7 | Michael McKee |
| 8 | Michael McKee |
| 23 | Ausschnitt Veranstaltungsplakat Werkstattgespräch 1 Gestaltung: Torsten Köchlin |
| 33–40 | Michael McKee |
| 69 | Ausschnitt Veranstaltungsplakat Werkstattgespräch 2 Gestaltung: Torsten Köchlin |
| 73–80 | Michael McKee |
| 98 | Teresa Hauck und Hendrik Trescher |
| 103 | Ausschnitt Veranstaltungsplakat Werkstattgespräch 3 Gestaltung: Torsten Köchlin |
| 113–120 | Michael McKee |
| 147 | Ausschnitt Veranstaltungsplakat Werkstattgespräch 4, Gestaltung: Torsten Köchlin |
| 153–160 | Emanuel Aurel Klempa |
| 197 | Michael McKee |
| 198–199 | Michael McKee |
| 200–201 | Michael McKee |
| 202–203 | Michael McKee |
| 204 | Emanuel Aurel Klempa |
| 205 | Herausgeberinnen |
| 206–207 | Emanuel Aurel Klempa |
| 208 | Herausgeberinnen |

Impressum

© 2020 by jovis Verlag GmbH
Das Copyright für die Texte liegen bei den Autor*innen.
Das Copyright für die Abbildungen liegt bei den Fotograf*innen/
Inhaber*innen der Bildrechte.

Lektorat: Barbara Driesen, Wissenschaftsdienst, Berlin
Gestaltung: Joana Katte, Hamburg, und Torsten Köchlin, Leipzig
Lithografie: Bild1Druck, Berlin
Druck und Bindung: Grafisches Centrum Cuno, Calbe

Bibliografische Information der Deutschen Nationalbibliothek
Die Deutsche Nationalbibliothek verzeichnet diese Publikation
in der Deutschen Nationalbibliografie; detaillierte bibliografische
Daten sind im Internet über http://dnb.d-nb.de abrufbar.

jovis Verlag GmbH
Lützowstraße 33
10785 Berlin

www.jovis.de

jovis-Bücher sind weltweit im ausgewählten Buchhandel
erhältlich. Informationen zu unserem internationalen Vertrieb
erhalten Sie von Ihrem Buchhändler oder unter www.jovis.de.

ISBN 978-3-86859-627-4

e STADT

Inklusion in Architektur und Städtebau
bedeutet weitaus mehr, als Gebäude
und öffentlichen Raum mit technischen
Bauteilen auszustaffieren. Inklusion gilt
es dringend auch als gesellschaftliches
Konzept zu verstehen und umzusetzen –
durch Schnittstellen im Stadtraum, Orte,
die Fehlverhalten aushalten, Freiräume
und Verordnungen, aber auch Moral.

Inklusionsmaschine STADT packt
das Thema Inklusion breit, offen
und schonungslos an. Die Texte
von Autor*innen unterschiedlicher Disziplinen
fächern die Interessenlage auf. Ihre Dialoge
zeigen, dass Inklusion ein bereichernder
Prozess ist, wenn man die richtigen Fragen
gemeinsam diskutiert:

Ist die Stadt eine Inklusionsmaschine?
Aus welchen Bauteilen setzt sie sich
zusammen? Und: Wer baut sie?

Mit Beiträgen von
Maximilian Dorner, Michael Häfner,
Saskia Hebert, Karl R. Kegler,
Roman Leonhartsberger, Lisa Pfahl,
Cordelia Polinna, Stephan Reiß-
Schmidt, Irmhild Saake, Hendrik
Trescher und Matthias Weinzierl.